CORNELIA ANTOI

ALINDA BRUNAMONTI

E

VITTORIA COLONNA

IN MEMORIA

DI

ALINDA BRUNAMONTI

III FEBBRAIO MCMIV

FIRENZE

TIPOGRAFIA BARBÈRA

ALFANI E VENTURI PROPRIETARI

1904

ALINDA BRUNAMONTI

E

VITTORIA COLONNA

ALINDA BONACCI BRUNAMONTI.

Regna, o divina! — Te prosegue il pianto
de la tua gente; — a te de gl'Immortali
s'apron le braccia; — nel sereno Eliso
      Ellade inneggia.

(G. Bini-Cima, *Trilogia*).

FIRENZE
TIPOGRAFIA BARBÈRA

Permetti, o illustre Concittadina, ch' io dedichi alla Tua venerata memoria un modesto studio sulle nobilissime Opere Tue, da me scritto, Te ancor vivente.

A compiere l' umile omaggio, unisco dei brevi cenni sulla Vittoria Colonna, Tua sorella d' Arte e di Cielo.

Osai elevare a Voi la mia parola, non per accrescervi fama, ma nel compiacimento che la continuazione del genio italico in petti muliebri, segue grande e gentile il trionfo della civiltà; e nell' intento di additare alla gioventù mirabili esempi di carattere austero, di patriottismo vero, d' ideali purissimi, che, tenendo alta la dignità, ammoniscono e accrescono fiamma all' amore dell' Arte, alla coscienza del Dovere.

CORNELIA ANTOLINI.

INDICE

ALINDA BRUNAMONTI

Lieta veleggi per gli oceani eterni,
E dal celeste coro
Vanir qual nebbia l'opre umane scerni.

(E. SILVESTRI).

ALINDA BRUNAMONTI

Effusa in Dio, nel limpido pensiero
Specchi il creato, e il ritmo eletto e terso
Del tuo poema onnipotente, ha impero
Pel sidereo fulgor dell'universo.

Per te, del cosmo arditamente è asperso
Di zaffiri e di vita ogni mistero,
E nel fluente amoreggiar del verso
Sta l'eterna armonia del sommo Vero.

Intemerata al Sol va senza posa
La sublime arte tua, nel divo acquisto
Di Beatrice e di Sanzio; e la radiosa

Visione umana del pensier di Cristo
Con te, Alinda, risorge, e canta e crea
Una nuova e mondial superna idea.

I.

DELL' OPERA POETICA

A LINDA BONACCI nacque, da ragguardevole famiglia di Recanati, in Perugia il 21 agosto 1841, in modesta casa di solitaria via, che ancor serba intatte le vetuste forme della città medievale. Così ella stessa ne dipinge la semplicità, la purezza, il fascino che le ispirarono i primi idilli verginali, le prime elegie melodiose:

> Non so dir se più cara al sole o all'arte,
> La mia natal città sorge in un monte:
> Dalla ventosa piazza, a cui comparte
> Bellezza il bronzo dell'antica Fonte,
> Per sinuose vie si scende in parte,
> Ove breve e raccolto è l'orizzonte;
> Ove una valle piccola e ridente
> Si tinge in oro al tepido ponente.
>
> Ivi, fra suburbani orti, un umile
> Popolo alberga, come in queta villa;
> Ivi per l'aria diafana d'aprile
> D'allodola remota il verso trilla;
> Ivi nitida, fresca e giovanile
> Di sculti marmi una chiesetta brilla;
> E in mezzo al prato, che di lei s'abbella,
> Sembra regina e insiem contadinella.
>
> Nacqui di fronte ad essa: indi al mio core
> Parlò soavemente arte e natura;
> Quando calava il mattinal chiarore
> Di quel tempietto sulla fronte oscura,

> Prendea per vaga fantasia d'amore
> Armoniche movenze ogni figura;
> E da ogni arbusto, come fosse vivo,
> Sommessi canti bisbigliare udivo.

La cara fanciulla non ebbe come la Colonna, culle e ninnoli d'oro, ma di questa ereditò il cuore e la mente:

> Beata fu la fanciullezza mia
> D'inusate letizie. A me la fronte
> D'oro e di gemme non ornò diadema,
> Ma la pervinca e il fior della gaggìa.

Fu per lei somma ventura di avere nel padre un educatore coscienzioso, dotto ed ardente. Gratiliano Bonacci, professore di lettere nel Nobile Collegio perugino e pregiato scrittore d'estetica, trasfuse nella figlia tutto l'incanto del bello e del grande. La madre di Alinda, semplice e buona, cooperò santamente ad abbellire l'animo della fanciulla d'ogni eletta virtù domestica. Messa in opera entrambi ogni energia del cuore e dell'ingegno, educarono nella figlia, fin dagli anni suoi più teneri, la fine squisitezza d'ogni più alto concepimento. E tu ne fruisti, o Alinda,

> Pari ad un'ispirata anima santa,
> Che pronta, per gentil consentimento,
> Al passaggio di Dio palpita e canta.

Natura ed arte ti predilessero:

> Quasi a formarti d'un opaco argento
> Pose natura un amoroso zelo,
> O giglio, degno di fiorir sul velo
> Di che imbianca Galassia il firmamento.
> . . . .
> Così l'arte, follìa fulgida e chiara,
> Di sue forme fosforiche e soavi
> I sonni e l'ombre di tua vita schiara.

La filosofia ti disse:

> Che val se hai fermo sulla terra il piede,
> Dacchè tra la tua vista e l'immortale
> Un cilestrino vel solo intercede?

La scienza, *maliarda audace e nova*:

> Forse l'acqua arderà; forse le fisse
> Fiamme del sol nella superba prova
> Conquisteremo; e fia che si rimova
> L'artica notte che la terra afflisse.

La fede:

> Amica solo dell'ora serena
> Fugge la luna. Sorride Maria,
> Dipinta a poppa dell'umil carena.

La gloria:

> La gemmata opra tua porgi alla vista
> Gloriosa dei secoli lontani.

Il cielo:

> Riaprirai le penne desïose,
> E risalendo ai cieli, onde scendesti,
> Porterai teco un bene ultimo: il canto.

E nei tuoi amabili canti hai pinto il ritratto fedele della tua bellezza, della tua virtù e del tuo sapere; con essi spiri sensibilità, delicatezza e forza supreme. Dalle leggende evanescenti corri alla passione fluttuante, irrompente del cuore umano: l'ode di Anacreonte per te riveste la classicità del bassorilievo greco, la eleganza del mosaico romano; e la tua fronte brilla del sole glorioso di Atene e di Roma.

* *

Come Vittoria Colonna e Gaetana Agnesi, Alinda bambina ebbe già familiari il latino insegnatole dal padre, ed il greco, del quale, conosciutone appena l'alfabeto, col solo aiuto dei libri giunse a gustare le esemplari bellezze.

Gli studi della sua prima giovinezza furono indefessi, fervidi ed acuti, in maniera quasi incredibile, se non fossero qui ad attestarlo le produzioni meravigliose della sua mente.

La cara Signora mi narrava perfino che quando era fanciulla, suo padre nelle ore notturne, in cui egli trovavasi desto, la svegliava (poichè tenevala a riposare nella stessa camera presso di lui), bellamente invitandola a recitare, a tradurre, esercitandola nelle cose più difficili ed aride, le quali avessero potuto far breccia nella tenera memoria quando, nel regno della calma, il sonno ha già ristorata la fantasia offuscata e languente.

Tutto ciò potrebbe sembrare crudeltà; ma un fisico gagliardo e sviluppato nella ginnastica delle membra può ben sopportare il lavorio intellettuale, anche se precoce e prolungato. Il padre, deluso nel forte desiderio di avere un maschio, si propose di educare virilmente l'Alinda e di farne una mente addottrinata. Egli, amoroso e sagace, aveva bene intuito in quell'essere robusto e fiorente lo sfavillio prodigioso del genio, sorto a svilupparsi e a vivere per l'umanità e per l'arte, senza neghittosi indugi.

L'immortale Ibsen, ricordando la barbarie del fuoco sotto la gratella per addestrare l'orso al ballo, con gioia angosciosa, quasi feroce, ma compiacente, esclama: " Anch'io fui attaccato alla gratella, e ogni volta che ritornano le memorie di quel tempo, io risento le acute punture sotto le unghie come se fossi ancora sui tizzoni ardenti, e son costretto a danzare sui piedi de' miei versi „.

Così la fanciulla, all'onda del canto, non sente l'arido tedio e la stanchezza:

> La vista delle cose aride, amare,
> Che gravan di lor noia i sensi stanchi,
> Sotto quell'onda magica scompare.
>   Non altrimenti il mandorlo diffonde
>   Quasi una neve di petali bianchi
>   Sopra nere macerie e le nasconde.

Profonda indagatrice della bibbia e dei classici, con arguta penetrazione, disinvoltura e grazia, ne ripeteva mirabilmente i brani che più si erano insinuati nel suo cuore. E quelle linee pure, leggiadre, vitali, impresse nelle sue fibre con timbri di acciaio, fuse coll'innata amabilità del carattere, colla ineffabile melanconia, che anche negli anni ridenti investiva la giovine donna, fecero di lei, come del Cantore soavemente infelice, un portento di letteratura nuova, irresistibile nella tenerezza delle forme più dolci; seducente nei radiosi colori; dominatrice per austerità vigorosa, per larghezza di concetti; ma sempre stupendamente cesellata nello stile delle classiche fonti.

La creatura angelica a undici anni già dettava versi che, pubblicati nel 1856, nessuno poteva creder opera d'una fanciulletta; tanti apparivano in lei i rapimenti della natura, la inclinazione all'alta dottrina e gli entusiasmi dell'arte, che prometteva diventare perfetta. In un sonetto, scritto all'alba della vita, con intrepida mano ne dipinge magistralmente il tramonto:

> Quando soavemente verrà meno
> La stanca e dolorosa vita mia,
> Stringerò con pietoso affetto al seno
> Questa gentile imago di Maria.
> E irradïarsi di un dolce sereno
> Le tenebre vedrò dell'agonia,
> Mentre un sorriso di speranza pieno
> Sul volto leggerò di questa pia.
> E non sarà che sull'estremo varco
> Si volga indietro l'animo dolente,
> Di rimaner quaggiù bramoso e vago:
> Chè d'ogni cura e di temenza scarco
> Meglio amerà seguire eternamente
> Colei, di cui sì cara ebbe l'imago!

Tutti i primi versi dell'Alinda hanno già la sicurezza, la sobrietà e la musica del poeta sagace, erudito, limpido e melodioso. Nel suo vario poema non è molto notevole una grande differenza di forma, di stile, di riflessione e di armonia, e presto esperta, se non di età, di senno, dà al verseggiare le imagini più compiute e brillanti.

Ella, nata poetessa, nel più alto significato della parola, estrinseca coi primi studi, coi primi affetti, tutta la piena della sua fantasia, traboccante di virtù e di grazia, e, a differenza della Colonna, tacita al canto finchè non punta di maritale amore, l'Usignolo dell'Umbria verde e dorata ci empì dei più caldi entusiasmi nella sua primavera.

Nell'inno *I miei primi studi* così narra di sè:

> Il mio diletto genitor per mano
> Lungo i campi traeami, o sull'altura
> D'un verde clivo, innanzi alla serena
> Letizia del tramonto;
> Perchè la mente tenerella e pura
> S'inebrïasse al santo
> Amor della natura.
> Ivi dapprima il core
> Mi palpitò per il desio del canto;
> . . . .
> E avea due lustri appena,
> Che sul mio labbro trepido s'udìa
> Sonar l'incolta nota:
> La primizia del canto era a Maria;
> . . . .
> Me, fra le chiuse, austere
> Pareti d'una stanza, e sopra i gravi
> Polverosi volumi, il padre mio
> Non educava al dolce amor dell'arte:
> Le venerande carte
> Noi con assidua cura
> Svolgevamo, spirando le soavi
> Aure delle ridenti primavere;
> E ben della natura
> Alla presente, amica
> Voce s'unia la sapïenza antica.

Lo spirito d'Esiodo e di Virgilio s'infuse in lei fin da' suoi teneri anni:

> Per entro le convalli,
> Rallegrate di rivi e di verzura,
> Incontrar di Virgilio
> Lo spirto a me parea:
> . . . .
> D'Esiodo le serene
> Semplici grazie mi ridean davante,
> E il mio cor le seguia cupido amante.

Dolcemente fu presa dalla nota di Petrarca, e scrisse:

> Spesso, dove scorrea
> Gorgogliando fra i sassi un picciol fonte,
> Amorosa gemea
> La nota di Petrarca;
> E la sua mesta nota ripetea
> Al cielo, alle campagne
> " Quel rusignol che sì soave piagne „.

E innamorata di Dante:

> Ma l'inno sovrumano
> Che si canta lassù nel primo giro,
> Dove s'infiora la beata rosa,
> Sol esso all'alme stupefatte e liete
> Nella cantica sua Dante ripete.
> In quel profondo mare
> D'infinite bellezze io mi perdea;
> . . . .

Ispirata da Pietro:

> Risplende la serena
> Luce dei cieli perugini, o Pietro,
> Sovra le tue pinture;
> . . . .

Poi, tutta compresa nella memoria del genitore perduto, adora
e piange:

> . . . . . e non rammenti
> Di quanto amor t'amai,
> O luce e onor della mia prima etade?
> . . . .
> . . . . . Ma finchè un solo
> Anelito di vita avrà il mio core,
> Vivrai, della tua figlia
> Vivrai nel canto e nel profondo amore.

Nell'idillio soavissimo *Primi amori*, quanta ingenuità di entusiasmi, quale onda di affetti sereni, di gentile armonia, di note

celesti traboccano con le ispirazioni della sua fanciullezza! Il gioco
puerile forse a lei più gradito era per

> . . . . . l'umile natal del Nazzareno.

> . . . .
> Io co' roridi muschi e co' virgulti
> La capannetta povera intessea;
> Tra l'erba fina rivoletti occulti
> Nel cristallo imitar mi compiacea;
> Dai lumicini, qua e là sepulti,
> Ombra arcana e splendor si diffondea.
> D'arte e natura, in questo puerile
> Gioco, il primo io cogliea vezzo gentile.

E dal primo vezzo gentile, o Alinda, col biondo Nazzareno sa-
listi tutta l'erta in fiore della tua vita, effondendoti nel paradiso
della sua luce. Anche l'umile Francesco nella sua mente contem-
plativa, più candida di quella d'un bimbo, irresistibilmente si dilet-
tava nelle attraentissime scene d'un presepio fra le grotte della sua
montagna, e le pecorelle, l'asino e il bove: innocenza, mansue-
tudine, forza e maestà, inebriavano quello spirito semplice, come
inebriano ancora, all'ineffabile ricordo, la gemella anima tua.

Il genitore filosofo, perfetto intenditore del *Bello*, andava stam-
pando nella figlia, con la leggiadra realtà della natura, tutta la
suprema idealità dell'invisibile e dell'inesauribile:

> Tra la natura e Dio l'amica gara
> D'affetto ingenuo mi rapia la mente.
> Salivam le montagne. — Odi ed impara —
> Diceami il padre: e tacea riverente,
> Mentre fra i pini risonava chiara
> Del molle vento l'ala trascorrente:
> — Odi musiche ed inni: apri la pura
> Anima alle armonie della natura. —

E parlando di Maria, dice:

> L'arte, rinata a gioventù novella
> Quando Dante tornò dal paradiso,
> Lei chiama aurora, lei rosa e zaffiro
> Che innamora di sè tutto l'empiro.

Lei pingevi al mio core, o dolce padre,
Mite negli atti e di chi piange amica,
Fanciulla eterna, giovinetta madre,
Bionda i capelli, come l'aurea spica.

. . . .

Ond'io guardai, di meraviglia piena,
Pennelleggiata nella patria scola,
La sua bellezza virginal, serena,
Che dalla mente ogni viltà ne invola.

Assorgendo in fine, con rapido volo, all'idea suprema del bello
e alla potenza meravigliosa e purificatrice dell'arte, conclude, dopo
una splendida similitudine:

In simil guisa, la beltà sovrana,
Variando delle varie arti al costume,
Tutte le sgombra della nebbia umana
Che ne contende e impoverisce il lume;
Ricche le fa della potenza arcana,
Che all'infinito d'anelar presume;
E armonizzando e colorando, crea
Splendide forme un'alta, unica idea.

E per quest'alta, unica idea, animosa vincesti, Alinda, tutte
le battaglie dell'arte e della vita.

. . . . . Come chi manca
D'un bene ignoto onde assetato è il core,
A te stessa, a' tuoi libri, all'universo,
D'un primo, intimo canto il primo verso

chiedesti; ma,

. . . . . rileggendo le mal destre rime,
Follia ti parve per lo ciel dell'arte
Tentare il volo libero e sublime;

chè a te incombeva volare, volare, volare, sublimemente volare,
o nulla.

Però il genitore, confortandoti,

— Non scorarti — dicea — maestro è amore,
Che il senno e l'opre de' più accorti avanza;

e ammoniva ad un tempo

Che il mar del vero non conosce porto,
Ch'eterna è l'arte e il viver nostro è corto.

*
* *

Mentre nelle città italiane si preparavano i fasti della redenzione politica e morale della patria, la giovinetta fu condotta a
Foligno (1856); ma ivi la sua salute ebbe molto a soffrire; e la
nostalgia della città natale le dettò versi mestissimi e fecondi della
più fantastica e vivida ispirazione:

Me giovinetta, in simil guisa, un caro
Amor sedusse del natal paese,
E dolore addivenne; un desolato
Dolor che in breve mi struggea la vita,
Quando in riva al Tupino, nella verde
Fulginea valle, ad abitar discesi.

Supplicava al padre:

Rendimi alla vitale aura natia
Dell'antica Perugia, al caldo, al gelo,
Che, d'oriënte, Porta Sole invia;

e al ricordo del suo S. Bernardino, amabilmente ce lo fotografa:

In mezzo al prato una gentil chiesetta
Cresce del loco il natural sorriso;
Opra di marmo appar così perfetta
Che scolpita diresti in Paradiso;
Doppia ghirlanda d'intrecciata fronda
Di sue porte il gemello arco circonda.

A quattordici anni Alinda così salutava da lungi Maria delle
Grazie in Perugia:

> Ed or che sulle sponde
> Del Tupino io mi vivo, oh! quante volte,
> Mirando il cielo e le vallette e l'onde,
> Dico in voce di pianto:
> Itene, aurette delle belle rose,
> Spinte alla patria mia da' miei sospiri,
> E a lei del Tebro sulle rive ombrose
> Narrate la pietà de' miei martìri;
> Itene dove la sua cara imago
> Il purissimo ciel rende più vago.

E doviziose e dolcissime furono le sue prime odi, dedicate alla
Regina degli angioli.

Sedotta alla rimembranza del tono argentino della sua squilla
natale, che ha il flebile nome dalla Viola, la invoca:

> Ancor rendetemi
> L'eco lontana
> Di questa flebile,
> Dolce campana,
>   Che a me degli angeli
> Ripete il canto,
> Che a me degli esuli
> Ricorda il pianto!

Il Bonacci, trepidante per la salute della figlia diletta e preziosa, ed egli stesso malato, volle ridursi (nel 1860) colla famiglia
al mare, nella sua nativa terra di Recanati. Nell'*Inno al mare* la
Poetessa ritorna a quei giorni giocondi:

> E poichè d'improvviso in sul confine
> Di levante apparia l'onda azzurrina
> Dell'italico golfo, e la vedea
> Incresparsi così come la chioma
> Diffusa d'una vergine dormente,

4

Sulle pupille desïose.il pianto
Della gioia tremava: Adria gentile,
Esultando io diceva, oh la più bella
Delle ausonie marine, io t'amo, io t'amo!

In quel colle romito e delizioso, dai panorami splendidi per la valle immensa, che si perde verso il lontano Appennino; o dall'azzurro sterminato e vago dell'onda marina, che si dilegua là ove si fonde coll'etere, il peregrino spirito della fanciulla dovè libare il nettare soave, purissimo, melanconico, che aveva nudrito il cantore immortale della Ginestra, dovè inebriarsi della luce fosforica che sublimò la tremenda beltà di quella lirica.

Ed essa stessa con attica grazia ci descrive il Poeta:

Lui fieramente in sè raccolto, e altero
Odiator degli sciocchi e dei codardi,
Più benigni accogliean delle frequenti
Vie cittadine i solitari campi,
Le tacite convalli e, per fioriti
Ermi sentieri, la quïete e l'ombra
Meridïana. Ahi! ma il suo spirto indarno
Molcean col susurrar lieve le aurette
Primaverili e coi rosati rai
Espero amico, chè profonda, immensa
Notte su lui s'aggrava; onde al suo sguardo
Un tremendo mistero è l'universo,
Certo solo il dolor, certo è quel fato
Che ci sospinge a morte, e certo il nulla.

Ma nella mite fanciulla, bollente di fede, di amore e di speranze, già forte della sua virtù e de'suoi ideali superni, gl'incanti della natura non valgono ad occultare la visione intellettuale, che spaziando sopra le mutabili contingenze, posa nella quiete, ingenita in lei,

D'un eterno presente, in cui s'appunta
Ogni dove, ogni quando, e le universe
Sostanze han vita, e libera risplende
D'ogni altissimo ver la conoscenza.

Indi muove la fe' che d'un securo
Avvenir ne ragiona, indi la speme
Che d'ambrosie fragranze e di sorrisi
Angelicati e d'armonie celesti
Nostra languente vigoria rinfranca.
Così lo stanco peregrino oblia
Del cammino i disagi, allor che intende
Al suon d'un'amorosa arpa lontana
Che all'orecchio notturna aura gli reca.

Ella prese dal Leopardi la superba venustà della forma, dalla Colonna il fulgido intuito del sommo Vero.

E costantemente ferma al concetto etico dell'esistenza, non appare antireligiosa come il grande Recanatese, benchè molto a questo somigli nelle sorgenti dell'ispirazione, e, dall'immagine alla parola, s'immedesimi con lui nella concretezza del pensiero e nella possente vibrazione dell'anima.

La sua affermazione cristiana parte da un cuore i cui palpiti rispondono a quelli dell'umanità.

Dopo Dante, non vi fu poeta che nel pensiero universale abbia tanto dominato quanto il Leopardi, con i pochi canti lanciati da lui al mondo; e la sua poesia fremente di sdegno contro la forza brutale e cieca, trova eco nel Carducci e nella nostra Brunamonti: con la differenza che in questa trionfa sempre lo spirito sulla materia; e non è in lei il concetto del nulla, quasi arida infeconda polvere, ma è il concetto dell'essere, quasi pulviscolo infinito, progressivo, destinato ai chiarori dell'eterno.

A sedici anni sentì il tedio e la vanità della vita, quando, per una malattia ribelle, nel fulgore della sua primavera vide assidersi il cupo inverno: e in quelle ore lugubri, richiesta di scrivere versi per fausta circostanza, rispose:

E vuoi che dalla triste alma risuoni
Temprato il verso di speranze liete,
Mentre l'ira e il dolor straziano a gara
Il mio misero petto?

Descritto lo strazio, dalle tempeste passate, preveggendo come il Leopardi, le tempeste future, grida a Dio :

> Ma se padre sei tu, se non creasti
> L'uomo a un eterno travagliar nel mondo,
> Senza conforto; non mi dire, almeno,
> Irriverente o stolta; io non ti chiesi
> L'aura che spiro, e liberal tuo dono
> Se fu soltanto, non voler ch'io sia
> Oggi costretta a maledirla e.... basti:
> Silenzio, o travïata alma, silenzio!
>   Silenzio! e poi? ritornerà del pianto
> L'ora fatale, e ai liberi singulti
> Fia che si schiuda l'affannato petto.
> Del temuto diman, così le lunghe
> Ore trascorreran, così l'aurora,
> Così la sera mi vedrà, nè il tempo
> Inesorato apporterà più belli
> Futuri giorni.

Finalmente si adagia nel sonno e sogna un canto misterioso di allodole festive, sogna una vergine in bruni veli e coronata la fronte di biancospino, sogna il corpo gelido di quell'affannata persona, sogna :

> Le tortori adunar rose e mortelle
> Sulla infelice esanime e recarle
> Festa dovuta a giovinetta sposa.
>   Da quel dì mi restò fissa nell'alma
> Della morte l'imago; e mi parea
> Ch'ai derelitti d'ogni bene in terra
> Un arcano rifugio Iddio serbasse
> Nel seno della morte; io la vedeva
> Rilucente dei fiori e dei sorrisi
> Che amore e gioventù m'avean negato
> Ne' miei primi anni. Da quel dì, rinchiusa
> Bramai la sepolcral pietra per sempre
> Sul mio giovine capo, e l'odïata
> Luce d'un fosco ciel tolta a' miei rai.

Ma circonfusa dalla soavità dell'amore nacque la poesia di Alinda, e non poteva ingolfarsi nel baratro del dubbio letale. La sostennero fedi e sorrisi nell'eterna armonia; trasparenze sublimi della natura per gl'inaccessibili spazi; speranze dignitose, aperte e sicure: concentramento vivo di forze e di sentimenti che mirano alla

> ..... sovrana, increata Intelligenza!
> Che se d'inferma fantasia deliro
> Te di mistero adombra in sulla cima
> Dell'inaccesso Olimpo, e spettatrice
> Tranquilla al nostro dolorar ti pinge;
> A chi del dubbio nella notte splende,
> Quasi stella polar, d'immacolato
> Raggio la fe', moveran guerra indarno
> Le ululanti bufere. A lui di gioia
> Sarà preludio il pianto, ...

Non disse Cino da Pistoia

> "Pareami in quel dolor gioia sentire „?

Chi ignora la serena e dominatrice forza dell'infinito, e nel core ha il ghiaccio dello scetticismo, non può evocare le creature del sentimento, e mai non vede dopo la tempesta l'iridescenza gioconda del cielo; egli non sa che

> Sprone ad opre gentili e generose
> Virtù, sempr'è il dolor;

di cui l'austera scola le posse umane

> Affatica, ritempra, afforza, innova;

e tra il fascino delle bellezze naturali non è possibile

> Che, invisibile ai rai, non si riveli
> Altro mondo, altra vita, altro stupendo
> D'ineffabili cose ordine eccelso.

Sicchè con Vittoria Colonna, sostanzialmente ella sente

> La fede delle cose alte e divine.

Nella vita che intorno le ondeggia e l'allieta, dà a' suoi versi le musiche divine di Bellini e di Verdi, le fantasie afferranti le realtà più fuggevoli. E come il Carducci fa emanare dal suo spirito

> " ..... un cantico solo in mille canti,
> Un inno in voce di mille preghiere „ ,

prorompente nella fatidica esclamazione :

> " Salute, o genti umane affaticate!
> Nulla trapassa e nulla può morire,
> Troppo odiammo e soffrimmo. Amate, amate!
> Il mondo è bello e santo è l'avvenire „.

Così la Brunamonti dall'anima sua generosa :

> ..... Oh, a noi
> Sia blando invito il verdeggiante riso
> Delle opime convalli e dei sereni
> Altipiani d'Italia! A noi l'ingenua
> Ricchezza schiudan le materne glebe
> E i sacri fonti della patria! E forse,
> Forse (oh che spero!) ai rinnovati petti
> Strano sogno parrà la ricordanza
> De' giorni che soave era l'odiarsi!

* * *

" L'arte e la letteratura devono essere l'emanazione morale della civiltà, la spirituale irradiazione dei popoli „. Con queste auree parole il Carducci dà ragione dell'opera sua a continuazione di una scuola, che dovrebbe unificarsi come la patria.

La forma eminentemente classica dei latini, studiata con profondità nel 1400, si ricongiunse al classico puramente italico del 1300, e da queste due fonti prese vita e colore il secolo d'oro, in cui la letteratura nostra raggiunse la perfezione. Nel secolo XIX si ritornò a quelle fonti: per esse la prosa riacquistò le patrie eleganze ; per esse risorse la poesia alta, civile, rigeneratrice, maestra di virtù gagliarde, di opere feconde, di sensi puri e magnanimi. Iddio, la patria, la donna, la famiglia, l'umanità tornarono a ispirare le arti e le lettere, affrettando il trionfo della libertà, dell'uguaglianza, dell'amore.

A certi novatori frettolosi, e spesso radicalmente immorali, ripeteremo con il grande Giuseppe Mazzini, anima della nostra redenzione civile e morale: " Dove non c'è culto della donna, nè speranza di vita futura, nè coscienza di dovere, non può esistere letteratura „.

E l'esistenza di letteratura siffatta l'avemmo appunto nel secolo XIX, ed è quella che ispirò Alinda Brunamonti.

Come il periodo classico in cui visse la Colonna, poetessa per eccellenza, contribuì alla conformazione del genio di questa donna divina; così il secolo passato, nelle forme classiche risorgenti, nell'altezza intellettuale della sua missione, conformò il genio sublime della Brunamonti. Fulgore di poeti e di artisti, di storici e politici insigni, mentre la patria languiva nella schiavitù più abbietta, illuminò il 400; fulgore di unità e di progresso, che alla perfezione delle arti associa e riallaccia le imprese audaci di Colombo, la mente scrutatrice di Machiavelli, il cuore generoso di Lorenzo il Magnifico, le ispirazioni di Michelangelo, di Raffaello e della Colonna, illumina e, coi Grandi della rinnovata scuola, trionfa nell'indipendenza della patria.

Il Foscolo ed il Leopardi ci confortarono in questa grande idea della patria; e per essa, novello Geremia, il primo esclama:

> " A egregie cose il forte animo accendono
> L'urne de' forti, o Pindemonte, e bella
> E santa fanno al peregrin la terra
> Che le ricetta „;

e il Leopardi con il suo primo canto all'Italia, la quale da secoli non aveva sentito tonare una voce sì potente, grida:

> " Nessun pugna per te? non ti difende
> Nessun de' tuoi? L'armi, qua l'armi: io solo

> Combatterò, procomberò sol io.
> Dammi, o ciel, che sia fuoco
> Agli italici petti il sangue mio „.

Il Canova prima di essi, spirando la vita ad un marmo di Napoleone il Grande, lo chiama tiranno, perchè non pensa a riunire le sparse membra della patria; e il fiero Astigiano non teme saettare i prepotenti, e, riportando gli Italiani ai tempi eroici di Grecia e di Roma, fa risonare i teatri del grido disperato e terribile della riscossa.

Dante risorge nel suo pieno splendore; il latin sangue ribolle nei cuori di tutti, e gli eroi della leggenda, gloriosi figli di liberi sensi, per questi combattono e muoiono.

> " Si scopron le tombe, si levano i morti,
> I martiri nostri son tutti risorti.... „.

Per le città ancor rosse di sangue, si abbattono i patiboli, si dischiudono le prigioni, e da un capo all'altro d'Italia si grida:

> " Siam fratelli, siam stretti ad un patto,
> Maledetto colui che lo infrange,
> Che s'innalza sul fiacco che piange,
> Che contrista uno spirto immortal.... „.

L'epopea fu compiuta:

> " Sui candidi lini del nostro stendardo
> Ondeggia una verde ghirlanda d'amor.... „.

Tutto questo maturare di eventi dette una impronta di ferro e di fuoco alla nostra poesia, e la Brunamonti, vissuta in quel periodo glorioso di lotte feconde, intona l'inno possente, incitando con vibrante entusiasmo gl'Italiani alla riscossa:

> All'armi, all'armi, itali prodi! il nome
> Del duce vostro Emanuele è lieto
> Augurio al forte che pugnando spera:
> All'armi, itali prodi! i vostri passi
> Egli precede, intrepido il periglio

Con voi divide, e fa tremar le vene
D'ogni nemico al balenar del ciglio.
    All'armi, all'armi, itali prodi! in càmpo
Bello è pugnar da forte,
Bello nel fior di gioventù con lieta
Fronte volare a morte.
Oh madri! oh spose! oh suore!
Il pianto sospendete, e del supremo
Bacio il dolore!

A soli 17 anni, nel 1859, l'audace giovinetta, all'aurora della redenzione della patria, con inarrivabile semplicità ed ardore, fulgente lancia il suo verso.

All'annuncio ferale della pace di Villafranca, grida:

    Oh san Martino, oh sponde
Gloriose del Mincio, e voi del sangue
Italico e francese ancor cruenti
Campi di Lombardia!
Deh perchè tosto in voi tacque de' carmi
Guerrieri l'armonia,
Dopo quel dì che trepidanti e prese
Di subito sgomento
Fuggiro al folgorar delle nostr'armi
L'austre falangi dal fatal cimento?

E così apostrofa il papato che osteggia la nostra politica risurrezione:

    Ahi! d'augurio tremendo
Scuote sul nostro capo una cometa
La criniera feral! guai se un orrendo
Blasfema s'alza a intorbidar le stelle!

Nel 1863 per la festa dell'unità italiana, ancora non compiuta, giubilante profetizza:

    Ah l'aspettar non sia penoso e greve,
O Italia mia! chè alla regal tua chioma
Stelle lucenti splenderan fra breve
          Venezia e Roma.

. . . .

Così ardenti i miei preghi alzando a Dio,
Donzella inerme nella mia celletta,
Coi voti affretto l'avvenire anch'io,
                . Patria diletta!

In altro stupendo carme, nel quale, con uno slancio ed una
vigoria commoventi, riassume l'eroico periodo del risorgimento
nazionale, rivolgendosi a Vittorio Emanuele venuto a visitare Perugia, così conclude:

..... Ah! finchè il sole
Questa terra d'aranci e d'oliveti
Libero schiari, e sui selvosi gioghi
Dell'Appennin gli annosi cerri educhi,
Vivrai, Vittorio, al nostro amor, vivrai
Nell'itale canzoni e nel desio
Baldo de' prodi, ne' gentili affetti
Delle ausonie donzelle, e le future
Età superbe di tue glorie andranno.

Contemporaneamente al Carducci, ella s'addentra nell'*epopea*
storica, la quale, sulle orme di questo grande, trionfa ora col
D'Annunzio, che darà all'Italia il poema più compiuto della sua
redenzione. I canti scritti e letti su Garibaldi ne sono una solenne promessa.

Il suo poema storico, come si espresse il Mantovani in un superbo scritto pubblicato nella *Stampa*, il giorno dopo della lettura
della *Notte di Caprera*, fatta dall'autore stesso al Regio di Torino,
vuole essere un monumento letterario nazionale. E lo sarà.

*
* *

Nell'opera poetica di questa grande Italiana molti studiosi tro-
veranno la via per elevarsi alle più radiose sfere del Parnaso. Ella,
alla forma alta, nitida, sfolgorante del 500, accoppiò, con mirabile
potenza, le immagini pure e palpitanti di tutta la poesia psicologica, traendone un insieme di immensa efficacia, di armonioso

invincibile diletto. Chi non conosce profondamente le opere della Colonna e della Brunamonti non ha mai gustata l'altissima poesia muliebre, come questa impregnata di luce, di vita, di candore, di amore e di eternità.

Nello studio sulla insigne Perugina — *Natura, scienza ed arte* — l'illustre professore Scalvanti della nostra Università, con una sintesi alta e serena, desunta dall'attento e coscienzioso esame delle opere della grande Poetessa, enumera gli elementi vari che alla poesia psicologica occorrono: " Il vero, eterna fatica dell'estro come del pensiero scientifico; la natura, sfinge meravigliosa che dobbiamo studiare e conoscere; il progresso, idea fecondatrice di virtù e di speranze, suggello dei nostri destini; l'infinito, intuìto dall'anima, dove essa si infutura e non muore; la scienza, che colla cognizione del relativo ci ribadisce nell'intelletto la percezione dell'assoluto; il dolore, il fuoco divino a cui si scaldano i generosi istinti, il carattere e la coscienza dell'uomo; l'arte, la scintilla rubata da Prometeo al sole della bellezza infinita; e l'ideale, ossia la realtà goduta attraverso la fantasia educata al buono ed al vero „.

E la Brunamonti, tanto religiosamente astretta alla severa idea di un tempo che fu, traboccante di affetti generosi e gagliardi, informata alla freschezza gentile delle odierne aspirazioni, nella potente astrazione del suo spirito, trae insieme dalla scienza e dall'arte

> ..... il preludio
> ..... dell'inno che il futuro cela;

e in cui

> Vaste concordie immaginando, il trepido
> Pensiero al bacio universale anela.

E predice:

> ..... più beate e candide
> Sopra i due mondi scenderanno l'ore,
> Quando veloce sulla corda atlantica
> Unico verbo correrà l'amore.

Il verso elegantissimo, fluido, della Perugina illustre è aristo-
cratico nella forma, sempre castigata, tersa ed altera, come un
limpido mattino di maggio, ma è democratico nel sangue e nel-
l'anima; e ciò asserisco, malgrado alcuni che opinano aristocratica
in tutto la poesia della Brunamonti. Ella abborre l'arte per l'arte
e spiega il suo volo su tutto il creato. Eccellente scrutatrice della
natura, dalle prime origini della terra alle sue ultime trasforma-
zioni, ha seguite, coll'arguta penetrazione d'una mente capace di
tutto comprendere e di tutto esplicare, le fasi evolutive dell'umanità, convincendo convinta, e insinuando in chi legge i palpiti
del suo cuore, le vibrazioni del suo cervello. Dal granello che
primo si trovò sulla terra solo e infecondo, la poetessa assurge
alla contemplazione de' popoli, dello sviluppo e perfezionamento
del lavoro, e delle aspirazioni degli uomini a stringersi in una sola
e vasta famiglia; e profetessa d'amore, nell'illibato seno materno,
sente pulsare il suo cuore per tutti i figli di Dio. Dal quale, come
" principio sovrano „ e non dal fuggitivo flusso delle cose sensi-
bili, attingendo la vita:

> ..... esser non crede
> Virtù, bellezza, amor, parvenze vane
> E brevi lampi, ma splendori eterni
> D'eterna verità.

In tutte le cose umane, come nelle loro diverse discipline,
poesia, scienza, arti, politica, benessere, vi è un nesso, una continuità, uno svolgersi progressivo. Dalle prime leggi elettriche emer-
sero il parafulmine e la pila, che doveva per via di correnti comu-
nicare il pensiero umano col mezzo d'interminabili fili. L'elettricità,
seconda vita del mondo, pure sui fili è ristretta, ed eccoci al più
grande evento scientifico, alla scoperta Marconiana, che comunica
il pensiero dall'uno all'altro polo per mezzo delle onde erzeniane, e
la radiotelegrafia nuovi problemi addita, e la scienza gigante vi
plaude, fissando ansiosa nuovi orizzonti.

Nulla s'arresta, e dall'Italia, dalla Francia, dall'Alemagna, dalla
Brettagna o dall'America è sempre il genio dell'umanità che trionfa.

Colombo, Galileo, Newton, Watt, Stephenson, Mesmer, Volta, Morse, Edison, Marconi hanno aperto l'adito sorprendente alla interminabile gara.

In mezzo a questa febbre scientifica di tentativi e di trionfali scoperte si svolge l'avvenire, e coi geni fecondi dell'umanità sfilano migliaia di generazioni, ricostituite a noi dalla storia, o da pochi squilli di poetiche trombe.

E quella sublime, fatidica della Brunamonti, vaticina, anche in mezzo alle tempeste, i progressi dell'etica internazionale:

> Pur verrà tempo (oh nitido
> A tanto augurio l'avvenir risponda!)
> Che, più felice messaggier, l'elettrico
> La sua scintilla tufferà nell'onda.
> Noi dormirem nei tumuli,
> Noi, progenie discorde e senza fede:
> Ma di nostre conquiste il nuovo secolo
> Fia senza sangue e senza pianto erede.

Predice, in tono augurale, le lontane universali concordie:

> Passa per l'aria sorvolando un canto
> Straniero agli odî, ma concorde a tutte
> Le fratellanze della dolce vita.

E richiamando all'alto le menti, purifica tutto ciò che di strano, di falso e di tristo può avere il mondo:

> Se quelle ch'eteree parevan fiammelle
> Son viscide forme di vita marina,
> Dai putridi mari torniamo alle stelle:
> Più in alto, più in alto, più in alto, o divina!

Egizi, Babilonesi, Fenici, Caldei, Ebrei, Greci, Cartaginesi, Romani si offuscano, e i loro templi, le colonne, gli archi cadono infranti; ma la storia e l'umanità restano, e il vangelo battezza nuove ère, nuovo avvenire. L'amore e la redenzione, l'uguaglianza e la pace solennemente proclamate, dalle catacombe, dalle grotte,

dai labirinti sorgono e trionfano; e dalle strade, dalle piazze entrano
nei palagi; sorgono i nuovi templi, ed ivi tutti i popoli si affratellano,

> All'ondeggiar del Làbaro di Cristo
> Sul ponte di Massenzio, al nuovo grido,
> All'altissimo bando delle umane
> Fratellanze, all'amor de' consolati
> Veri.

Col crollare dell'impero romano, nel motto: *in hoc signo vinces*,
sorse la nuova civiltà, e la poesia si estrinsecò nella sua forma
più vitale ed eletta. Accanto all'*Iliade* ed all'*Eneide* fiorì il *Padre nostro*, inno sublimemente semplice, breve ed efficace; suprema aspirazione d'un popolo rigenerato a virtù e a comunanza
di speranze e d'affetti. Comunanza che si ribadisce e diffonde con
suggelli di soavità e di armonia nell'umiltà del Santo di Assisi
che lanciò ai posteri, quando l'altruismo e la carità erano combattuti dai cavalieri che cercavano farsi tiranni, l'inno al Sole, canto
altissimo della più alta poesia, preghiera meravigliosa e palpitante
tra l'uomo e Dio, simbolo di quella spira che doveva rendere il
pensiero universale, armonico, lucido, quasi divino. La invocazione
del pane quotidiano rintona, aleggia sovrana; e per l'arcana visione
della vita futura

> Diede all'umanità Dio l'alfabeto
> Dei cieli, ond'ella, come in bibbia aperta,
> Divisando vi legga il suo segreto.
>   E più lo leggerà, se nell'anelo
> Desio del vero e dell'amor, fia certa
> Che un sogno è il mondo e che la vita è il cielo.

Dante diede all'Italia ed al mondo il poema più vasto e completo, che rispecchi e sviluppi l'intero movimento dell'essere.

Dall'eterno Poema e dal Vangelo, dal *Padre nostro*, dall'idillio
Serafico, operanti come forze occulte e profonde, derivò il rinnovamento del 1789 che infranse mille catene; la letteratura che proclamò i diritti dell'uomo, e che, promovendo l'abolizione della
schiavitù, segnò un'altra grande èra nella via trionfale della civiltà.

Fusa l'indole dell'arte straniera con la gravità e con la forza latina, il Manzoni vinse col suo romanticismo, consegnando all'opera sua l'impronta sincera, ma sempre alta, d'una nuova scuola che apriva da lungi limpidi orizzonti sociali.

Nel carattere di quest'epoca gloriosa fremono nuovi entusiasmi, ed altri invitti eroismi. Le scienze positive progrediscono; le opere di Mazzini e di Victor Hugo si diffondono e riscaldano i petti di tutti, e il nuovo canto della riscossa e del lavoro penetra nella scienza dell'umanità.

Da questa l'inno dell'amore, l'aspirazione di tutti i canti verso una più effettiva uguaglianza tra gli uomini.

La Musa ripeterà con Casella:

"Amor che nella mente mi ragiona",

e allora si cangerà in maggior bene il mondo, che

.... eternamente
Dalle fallacie sue disvilupparsi
Anela.... e tramutarsi in vero.
Quindi il profondo fremito e la sete
Febbrile e l'ira e la speranza indomita
Che lo travaglia.....

Una sola patria, una sola famiglia, uno spirito solo muove l'essere arcano del mondo nell'infinito. Amore tra deboli e forti, tra umili e potenti, tra lavoratori ed imprenditori; questo l'ideale della Brunamonti, dignitoso, ordinato e piano, ma sempre come il sole, ardente. Fu aspra, formidabile guerra; ma il mondo morale, quasi globo schiacciato ai poli nelle tenebre dell'ignoto, e nella lunga interrogazione degli schiavi ai tiranni, ha ormai compiuta la rotazione sul proprio asse, e, risoluta la domanda, rivolge al sole l'ultima e piena sua fase, che, riscaldata e mossa con centuplicata velocità dalle grandi scoperte nella elettricità e nel vapore, si prepara a riconoscere come prima forza motrice le braccia gagliarde degli operai. Di questi martiri che brulicano per il mondo

a milioni, aspettando la loro redenzione morale e civile; milioni
di martiri che impavidi incontrano la morte tra i canali, i trafori,
sui ponti, nelle officine, tra i campi riarsi dal sole, nelle miniere,
nella voragine d'ogni lavoro, che santo, sublime perfeziona l'umanità e mira all'eterno.

* *
*

La giovane illustre da Recanati fece ritorno, sposa, a Perugia
nel 1868, per non distaccarsi più mai dalla città diletta.

Ella, come il grande concittadino del suo paterno colle, ritrae
il paesaggio della terra natale: come lui s'informa di forza greca,
e continua la tradizione dantesca. Ardita e serena, maestrevolmente
vi si addentra, dando perfezione alle forme paesistiche, strettamente
unite all'arte mirabile del Manzoni, ed emulanti il delicato, aureo
verismo del De Amicis, del Fogazzaro, e il niveo, fresco, olente,
semplicissimo pennello del Pascoli.

E va orgoglioso di averla al suo fianco il più grande dei poeti
viventi, Giosue Carducci, l'incomparabile paesista della nostra bella
penisola, che innamorato cantò:

"E il sol nel radïante azzurro immenso,
Fin degli Abruzzi al biancheggiar lontano
Folgora, e con desio d'amor più intenso
Ride a' monti dell'Umbria e al verde piano.
    Nel roseo lume placidi sorgenti
I monti si rincorrono fra loro,
Sin che sfumano in dolci ondeggiamenti
Entro vapori di vïola e d'oro.
    Forse, Italia, è la tua chioma fragrante,
Nel talamo, fra due mari, seren,
Che sotto i baci dell'eterno amante
Ti freme effusa in lunghe anella al sen?„

Al ricordo di questa divina creazione, non posso tacere che
ne spetta un merito speciale al nostro valentissimo poeta Tiberi,

ché invitò il Carducci a scrivere l'alto concepimento, quando Perugia ebbe la ventura di accogliere il Cantore titanico a contemplare i magici orizzonti dell'Umbria. Nella circostanza istessa, con la più forte soddisfazione, il Carducci si recò a visitare la Brunamonti, che molti altri grandi avevano già ambito di conoscere personalmente. Anch'ella con tocchi sovrani ritrae gli umbri paesaggi, e, insinuandosi nella Valnerina, con la più fresca vivezza di forme e di colorito, rende palpitanti le imagini, eternando con forza maliarda la natura fuggente o imprigionata a vantaggio delle gigantesche opere umane:

> Ma più possente una riviera insolca
> La Valnerina: e tra gli olivi e gli orti
> Dell'operosa Terni, ancor la spinta
> Vicina sente dell'immane salto.
> Ivi nell'alta notte assiduo tuona
> Fra il murmure dell'acque il poderoso
> Maglio che il ferro doma. All'urto fiero
> Dell'onda rugge dai mantici il vento:
> E corrono qua e là, dalla veloce
> Opra affrettati e nel corrusco tinti
> Baglior dei forni, ai laghi ove scintilla
> Liquefatto il metallo, i fabbri irsuti;
> O coll'enorme forcipe dall'ardue
> Strette disnodan sinuose spire
> Di ferree verghe, fiammeggianti come
> Serpi di fuoco. Irrequïeta, irosa
> Virtù dell'onda che dell'uomo è insieme
> Terrore e aita! Dappoichè natura
> Delle sue forze il formidato arcano
> A noi cesse costretta, dell'antico
> Periglio all'orlo senza tema impera
> La mite industria.

Anima con ardore indicibile, con genialità venusta gl'incanti del paesaggio che l'attornia:

> Ove parlan d'amor chini sull'acque
> I salci; le libellule azzurrine,
> Simili a spille di brunito acciaro,

Colle odorose madriselve; e ride
E sospira l'idillio; e par lontano,
Lontano il suon della nembosa vita.

Paesaggio di quest'Umbria nostra, ove per la riviera adamantina
del Clitunno scesero le prore

Che addusser liete la romana gente
Alle terme di Spello, o alle fontane
Clitunnali, colà dove Mevania
D'anfiteatro e statue e pavimenti
Istorïati di mosaico adorna,
S'irrorava di nebbie nella valle.

Umbria, ricca di salutari sorgenti:

All'acqua un brindisi!
Pure sorgenti,
Stillanti in gelidi
Pozzi o spelonche,
Gromma di nitrici
Sali pungenti
Mai non contamina
Le vostre conche;

solcata da fiumi fecondi; ed ecco un fiume montano:

..... Io lo mirava
Su per le svolte del sentiero alpestre
In chiuse forre qua e là gittarsi,
Qual ponte aereo di cristallo. Il bianco
Velo ondulante di sue spume al vento
Or sì, or no, di fresco polverio
A me la fronte, il vestimento, i fiori
Selvaggi intorno con sottil rugiada
Bagnava. A un tratto disparia ne' ponti
Sotterranei che a sè la roditrice
Forza scavò dell'acque; indi con nuovo
Orgoglio scintillando al sol reddia.
E sempre, ovunque il vaporoso flutto
Precipita ed i muschi circostanti

In gracili trasmuta erbe di pietra,
Un tumulto di rote, al senno umano
Obbedïenti, con diversi uffici,
Foggia la carta che sonante e bianca
Da me l'innamorato inno riceve.

Umbria, rallegrata da cascate spumeggianti e fosforiche:

..... Così nella bruna
Erta montagna, onde il Velin si lancia
A terribili nozze nella cupa
Vorago, mentre muggè e di lontano
Fuma la gran caduta; eternamente
Sopra l'orrido abisso iride scherza,
E si culla fra i mobili candori
Delle spume. In quell'aere esercitato
Dalla perpetua romba, s'inghirlanda
D'ambrosie viti di Papigno il colle,
E il sol d'agosto imporpora la gota
Lanuginosa delle pèsche d'oro;

da chiuse murmuri:

Il sol che dietro alle Martane cime
Cala, ai cento delubri i colonnati
Più non tinge di languida vïola;
Ma sotto i ponti dei molini oscuri
Precipita l'altera onda venusta,
Del cui vitreo splendor gioì sovente
L'esametro divino, e gira il rude
Sasso che assiduo frange il pio frumento.
Tra le pietre dell'arco escon sottili
Capelveneri, spenzola dai greppi
Co'lunghi tralci la vitalba, e molte
Cose susurra l'avellano al vento;

rispecchiata in laghi limpidi, echeggianti, come quello di Piediluco:

Piediluco! chi ascese alla montana
Tua pace e, come tremola conchiglia
Di madreperla, appiè de'colli vide
Il tuo lago adagiarsi; chi volando

> A fior dell'onda sulla cimba lieve,
> Nell'armonico giunse aere del tuo
> Promontorio selvoso; benedisse
> Alla vita in suo core, alla divina
> Beltà della natura, e scorse un vero
> Degno dell'arte. Anco lassù beata
> La gente; e quando il pescator sul lago
> Canta, lontano gli risponde l'eco:

o come quello del Trasimeno:

> Par tremolio di marina in amore
> L'incresparsi di questa umbra laguna,
> Quando le infonde l'imminente luna
> Nella conca d'opale il suo splendore.

A guisa di Byron e di Heine, ella divinizza la poesia delle alture, l'inesplorato idillio, che esulta in grembo all'iride

> Che del ghiaccio sui prismi accende il sole:

ama l'edelweise, candida lana:

> ..... amor dell'albe gelide,
> Che nome ebbe gentil: *nobil candore*.

Aurore gemmate, trepidi riflessi di fonti, erbette sottili, arcani echi, misteri melanconici, pace gentile, spire alabastrine, mute e stillanti caverne, petrosi scheletri, alberi secolari o rigide orme di trascorrenti geli, solo colei che le pupille e l'anima ebbe d'artista, sa renderci vaporose, iridate, magiche; come sa cantarci, solenni le cime eternamente evanescenti in oro purpureo, giganti in veglia delle città a picco, a cavaliere, ad anfiteatro, a conca; e le mura ciclopiche, i mausolei e gli archi etruschi, i templi romani, i finestroni gotici, i campanili dalle eleganti guglie, le chiese, le turrite castella, tutto meravigliosamente ci descrive:

> Chè la terra natia sempre è la gemma
> D'ogni paese, e sopra ogni altra è cara,
> Anche a piè del Vesuvio, anche in Maremma.

* *
*

Se la Colonna fu attorniata dallo splendore di superbe ricchezze, e se i suoi studi furono fecondati dal secolo sacro all'arte; non meno prediletta dalla natura fu la Bonacci, che fiorì al raggio del Subasio, tra le umbre meraviglie. Ella, come la Franceschi-Ferrucci, contemplava estasiata il roseo azzurro del nostro cielo.... e nel culto per l'arte ideale, sorvolando sulla cupola del Vignola, pregava, rapita alle sorprendenti creazioni di Giotto, entro le marmoree basiliche di Chiara e Francesco. Ricorreva sui passi di questi per gli ondulati altipiani dai tramonti di perle e di porpora, dai meriggi diafani, dove mandre di pecore e capre, brucanti sui picchi dai massi enormi, riposano placide lungo i prati fioriti, sede balsamica del giglio, del garofano e della primoletta. Per quelle vie incontrava il fraticello o la villanella dall'odore di fieno e di trifoglio, portante alla madre inferma la fragranza della salute e dell'aria, e all'arte la purità e il sereno de' profondi turchini:

Torna alla madre inferma, che permane
In chiusa stanza, e i cieli aperti ignora,
Una fanciulla che correa pur ora
Tra gli alti fieni in praterie lontane.
Un nembo lieve di fragranze sane
Tutta l'avvolge. Quella mesta allora,
La bimba a carezzar che d'aria odora,
Assorge lenta sulle stanche lane.
Grata non men della divina Igea,
Tra' miasmi del secolo febbrili,
A noi vien l'arte, giovinetta dea.
E ne aspiriamo, al ventilar del velo,
I vigorosi spiriti sottili,
Che san di purità, d'aria, di cielo.

Intenta ad ogni voce, assorta in ogni forma, il suo pensiero si dilatava magicamente, palpitando coll'esile grillo fino al bove maestoso, comprendendo ogni colore, ogni nome, ogni perchè, elevandosi fino alle sommità del sistema universale:

> E lassù, solitaria innamorata,
> Da quel tumulto di selvaggi suoni
> Il ritmo impara de' superbi canti.

Spesso, genuflessa davanti alle madonne del Bonfigli, del Perugino, di Tiberio, dell'Alunno, la giovane poetessa, in radiosa visione, vedea su se stessa riflessi quei colori d'arte e di cielo. Tutto intorno spirava amore, e l'eterna poesia della vita, echeggiando di balza in balza, si ripercoteva nel cuore di quella fanciulla divina, che alla terra volgea un dolce sorriso di candore e di pace.

I grandi nomi, come saggiamente osserva l'illustre tedesco Kraus nella sobria monografia sulla Brunamonti, che hanno fatto di questa piccola terra umbra un paradiso intellettuale dell'umanità, tutti, da Francesco d'Assisi a Raffaello, furono i compagni della sua giovinezza: " ovunque il giovane spirito si rivolgeva, da ogni luogo tornava colla fragranza della poesia nella tranquilla cameretta, da cui dovevano venir fuori le prime prove del suo ingegno singolare „ :

> La stanzetta de' miei sogni beati
> La finestra schiudea verso occidente.

E le sorridea il creato:

> Quando sui culmini
> Dei tetti il sole
> Diffonde l'ultime
> Rose e vïole.

Come intensa e fidente saliva la sua preghiera a Maria, quando nella virginale cameretta si riconcentrava al riposo degli angioli:

> Amo il silenzio de' miei studi cari,
> E le pareti dell'ignota cella,
> Ov'io solinga a meditare impari
> Quanto, o Maria, sei bella.

. . . .

Oh come ancor vi agogno,
Giorni di paradiso!....
Tu di mie notti il sogno,
Tu de' miei giorni il riso,
Tu di mie chiome il fiore,
Tu del mio cor l'amore.

O, se, tra i suoi gaudii, una stilla di pianto per gl'infelici le inumidiva il ciglio, cantava:

Anche l'etereo
Dono del pianto
Di forze incognite
Ravviva il canto.

. . . .

Ed è un rivo inesauribile e immacolato il suo canto che sapiente s'insinua nelle viscere della terra. Bevendo a mille sorgenti nei penetrali del mistero e della scienza, scorre fresco e tranquillo per le grotte gemmate, per i dirupi marmorei, e in cascata impetuosa, maestoso e scintillante, riede all'aura balsamica e al sole. Rigurgita sonoro nel grembo lucente, ampio e fecondo d'un fiume, salutando nel corso perenne le giogaie eccelse dei monti, i piani ubertosi e fioriti, i villaggetti remoti, le città superbe, le umili perle e i diamanti sulle erbette romite, o i fasti giganti dell'arte. S'insena nell'oceano sconfinato, ove, eternamente azzurro, terso e fluttuante, rispecchia nella magica pompa del vero tutta la meraviglia dell'universo: e, con la virtù d'un sentimento e d'un amore superno, all'infinito evapora, e immortale si fonde nella gioconda luce de' cieli.

* *
*

La mia modesta e troppo breve rassegna non mi permette riportare lunghi tratti di queste insuperabili poesie, di queste confidenze tanto pudicamente tenere e amorose, che a me fanno l'effetto d'un nimbo infinito di luce, cosparso di rose e di gigli, che, dolcemente cullandomi, mi trasportino in paradiso!

Umiltà e modestia furono sempre le gemme più dilette al suo cuore; e una nitida allegoria, tutta fragrante e casta nella semplicità dei fiori silvestri, ci dà inconsapevolmente di se stessa, scrivendo:

> Ginestre montanine
> Che le ripide balze e i scogli ornate,
> Vermiglie fragolette
> Ch'io colgo dalle fresche, mattutine
> Perle irrorate;
> Quanto è gradito a me vostro costume
> Innocente ed umìle!
> Penso che a voi simìle
> La donna esser dovria;
> Chè, nello studio d'imitar la vostra
> Beltà romita e ascosa,
> Tanto è più cara, quanto più si mostra
> Vereconda e ritrosa.
>
> . . . .
>
> De' ben culti giardini
> La ricca e varia copia a me non piace;

perchè ella s'innamora della " beltà romita „ e " vereconda „, e perchè ama ciò che ai poverelli è amico: ama il fiore che alla villanella ritrosa adorna il petto; la mammola conforto e tripudio delle frotte dei monelletti scalzi, alla cui innocenza è forse dal vile egoismo ogni beltà negata, fuori d'un cielo sereno, d'un cuore materno.... d'un prato di mammole: perchè i fiori " superbi „

> ..... spesso
> Il giardinier li coglie
> D'un ricco ostello a profumar le soglie;

mentre i fiori di campo

> Non in gemmati e lucidi cristalli,
> Cari fioretti, il vostro
> Destino a un lento illanguidir vi serba;
> Ma per i prati o in floride convalli,
> Ove nasceste, in sulla rorid'erba
> Sparte le foglioline, e la leggera

Polve vitale ai zeffiri fidando,
Reclinate morendo il capo a sera.

. . . .

 Così nella romita
Dimora, meglio in sua virtù secura,
Donna onesta si chiude, e non le duole
Se inosservata e oscura
Nella pace domestica, gradita
Tra dolci cure a lei passa la vita.
. Non desiderî insani
Le fanno invito lusinghiero al core;

. . . .

 Sol per l'uom, da cui pria
La cara gemma innanzi all'ara accolse,

. . . .

Saggia, prudente e pia
E sorride e s'adorna; ....

.ed è come l'onda sopra cui s'aduna

 D'edere e rovi un tetto rigoglioso,
Il qual raccolto e ombroso
Chiude il fonte e protegge;

. . . .

Osa specchiarsi appena,
Quando la notte è bella,
Tremula in quelle chiare acque una stella.

O donne, le sacre parole di questa Regina d'ogni virtù ci restino indelebilmente scolpite nel cuore; son dette da un'anima limpida, che fortemente sente e rispecchia quello che dice: noi beviamo ai suoi sentimenti come ad un rivo, su cui il sole riflesso è mille volte più bello coll'incresparsi della purezza delle onde, col moltiplicarsi nello scintillìo meraviglioso di topazi e diamanti.

In *Acque limpide*, ella, solennemente innamorata della povertà candida, con metafora ricca, ma sovranamente semplice e scolpita, narra:

 Deposte allor dal bianco petto ansante,
Dopo il ballo, fulgevano alla luna,
Di fosforici fochi, ad una ad una,
Le gemme d'un gioiello radïante.

7

Ma la donna nel core e nel sembiante
Chiudea d'affetti una tempesta bruna;
E dissi: l'alma trasparenza alcuna
Non ha; ma limpid'acqua è il dïamante.
    Siede a piè della scala una fanciulla
Contadinella, e il fratellin minore
Colla sua collanetta si trastulla.
    La collanetta fiocamente brilla;
Son vitrei grani che non han valore;
Limpid'acqua è il pensiero e la pupilla.

E tutto l'Alinda abbraccia con l'immenso e multiforme pensiero, e celeste creatura pur quaggiù trapiantata, sa che

    L'ombra dei sogni velenosi e mesti
Piovono i noci sul silente piano;
L'angelo muore nello spirto umano,
E che vi nasca un demone diresti.

Ma generosa lo riabilita e lo ritorna a Dio:

    E v'han ritorni dalla notte mala
Anche per l'uomo; il cielo è sì benigno
Ch'anche nei pozzi qualche stella cala.

Però sempre più bello, venerato e sicuro è per la donna illibata il volo che spicca sereno dall'alto:

    V'ha un forte uccello sui scogli del mare;
La sua grand'ala è una caduta vela,
Nè si può più levar se rade il lito.
    Anche lo spirto uman deve spiccare
Dall'alto il volo. Allora arduo s'inciela,
E maestro divin gli è l'infinito.

Dalla Saffo alla Colonna e da questa alle poetesse del secolo scorso, la poesia femminile or fu erotica, or fu egoisticamente gemebonda, ora accademicamente fredda; e negli anni a noi più vicini, casti ed ardenti amori, soavi e forti armonie, vigorosi concetti di fraternità e di patria certamente ispirarono le valorose e gentili poetesse, che te, Alinda, per età precedettero, quali una Fusinato, una Milli, una Pieralli, ecc., ecc.: ma tu, divina, possentemente le superasti, e riporti una palma gloriosa, come sulle tue contemporanee viventi, su tutte.

*
* *

L'Alinda si dispose, in sui begli anni della calda età novella, con garzone eccelso per mente e per cuore, col professor Brunamonti, già allievo del padre di lei, e maestro di diritto all'Università di Perugia. Ella recò allo sposo con la modestia de' suoi desideri, con la mitezza del suo carattere, con il candore delle sue virtù, con l'enfasi celestiale de' carmi suoi, tutta la felicità ch'è possibile in terra.

Così il Maffei cantò della Donna in quel santuario raccolta:

> " Non sol come per fama uom s'innamora,
> Ma per potente, arcano, intimo affetto
> Mi struggea di vederti, Alinda mia;
> Se non che lo affrenava un inquïeto
> Pensier: — Quest'alto femminile ingegno,
> Virilmente educato alla severa
> Scuola del padre, che con verso antico
> Nuove immagini veste, ed argomento
> Ne fa quanto di bello alla pupilla
> Intellettiva nell'idea si mostra,
> Nel ver, nella natura, offerto un fiore
> Forse alle grazie non avrà: gli studî,
> Forse, gravi, profondi, ombra faranno
> A quel volto gentil che dalla luce
> Vedesti effigïato, ond'ella stessa
> Caro dono ti fece.... — Oh come, Alinda,
> Come al primo tuo sguardo, al tuo sorriso
> Primo svaniro i miei falsi concetti!
> Quante rose raccoglie ed inghirlanda

La mano cara della donna, unisci,
Con amabile intreccio, al lauro tuo;
Tal che l'ostro del fiore, anzi che al bruno
Della fronda immortal recare offesa,
Beltà nuova le dà. Ma ratte, ahi troppo!
Mi fuggîr le felici ore, che presso
Ti stetti il dì, che nella tua Perugia
Cortesemente m'ospitò l'egregio
Signor, cui la ineffabile dolcezza
D'appellarti sua sposa Iddio concesse.
Nel varcar le tue soglie entrar mi parve
Nel tempio dell'amor, dell'armonia,
Dell'arte, della gioia ...., „.

La Gentildonna al "Maestro dei numeri soavi „ risponde che "il fior più bello che „ per lei " si schiuda è il fior della sua lode „, onde ne va "lieta „ ma non "altera „, chè nel suo "pensiero non alberga l'orgoglio e la iattanza „. E

Così, d'allor che ti conobbi appena,
Senza fine io t'amai; nè puoi tu stesso
Immaginar quante fïate io venga
Col timido pensier dove tu stai,
Sia che t'accolga la tranquilla riva
Del materno tuo lago, o la frequente,
Romorosa Milano. Anche la speme
Di presto rivederci in una bella
Ora nutri fidente. Allor che a' primi
Tepori dell'april lungo le prode
Spunteran le vïole, oh un'altra volta
Vieni all'umbra mia terra, e l'ospitale
Nostra dimora adornerò di rose,
Colla mia mano. Diradarsi alquanto
Forse vedrò quell'angosciosa nube
Che la tua fronte vela: o veramente
In un'ombra di placida mestizia
Si cangerà; chè di mestizia sempre
Ogni umana dolcezza è temperata.
  E per me (cui vedesti in quelle brevi
Ore lieta così) pensi che uguale

Splenda sempre il sereno ? Oh, se tu sai,
Non dirlo, anima egregia! A me cortese
Fu il Cielo invero e m'abbellia la vita
Di domestiche gioie e di conforti :
Pure un occulto, inesplicabil seme
Di tristezza io recai fin dalla culla,
Nè di studî desio, nè giovanile
Vaghezza valse a dissiparlo mai.
Chiusa malinconia m'invola al guardo
La terra e il ciel, come una folta, oscura
Nebbia d'autunno. Allor l'alma s'invoglia
Di lacrimare e meditar soletta
Nella romita stanza, e il mondo intero
Consolarmi non può di quest'arcano
Dolor che mi travaglia.....

. . . .

Ma in noi discenderà pace e conforto
Dal vivo raggio dell'eterno Sole !

Come bello era il mirare una sì eletta creatura nel seno della
famiglia, tra le faccende della casa, che sempre ella amò nella
scrupolosa missione di madre e di massaia. (E qui deploro la falsa
opinione dei più nel voler credere che le poetesse, o le letterate
in genere, non possano e non debbano dedicarsi a muliebri occupazioni. Con quanta destrezza invece, senno, sagacia ed amore
può la donna intelligente, arguta, sentimentale fare della sua casa
un tempio di rettitudine e di benessere.!).

La madre di Alinda fece della figlia un gioiello : in lei trasfuse
tutta la tenera semplicità della sua vita, che nella musica armoniosa del materno idillio così Alinda cantò :

Dolce è l'idillio della vita nuova,
Se da famiglia vereconda e pia
Incomincia per noi. Così mi giova
Da te mover la rima, o madre mia.
Io, figlia e madre insieme, io so per prova
Quanta in tal nome tenerezza sia ;
Chè il cor materno senza mezzo prende
Da Dio l'amore e il ben ch'ai figli rende.

Era alle cure casalinghe intenta
La genitrice mia, semplice e buona:
Dal volto le apparia l'alma contenta,
Come chi di virtù poco ragiona
E nulla al mondo il suo ben fare ostenta,
Mentre il ben far giammai non abbandona;
E, ciò che più di forte animo è indizio,
Sorridendo, di sè fa sacrifizio.

Godea, sorgendo coi novelli albori,
Ber l'onda fresca dell'aria serena;
Condurre i figli in mezzo ai miti orrori
D'un bosco, o d'una valle occulta, amena;
Cogliere or more, or fragolette e fiori,
Ed or cicorie per la parca cena;
Poi narrare al marito erale grato:
Noi quest'erbette raccogliemmo al prato.

. . . .

L'opra col canto rallegrando gìa,
Quando la sera vigilava all'ago:
Il pensiero fidente a Dio salia,
Di tenui brame consolato e pago:
Pur la prudenza coraggiosa offria
Sempre il miglior consiglio al cor presago,
Se mai la calma della vita usata
Da subito periglio era turbata.

Nulla al mondo chiedea, fuor che la gioia
D'essere ai mesti e ai poverelli amica.
Anche il nome ignorò di quella noia
Che le inani, opulente ore affatica:
Nè vezzo d'oro o prezïosa gioia
Stimò, quanto la nitida e pudica
Letizia della casa e della vita,
Che al semplice desio gli agi marita.

Oh! tumulto infantil de' nostri ludi,
Cui la madre eccitava o rattenea:
Lasciando il padre i faticosi studi,
La bella fronte serenar parea;
E colla man plaudendo a quei tripudi,
Negli occhi arguti e fulgidi ridea,
Con quella mente di dolcezza sazia
Che più d'ogni parola Iddio ringrazia.

Oh! madre mia! se un giorno leggerai
Questa mia filïal candida lode[1],
Crucciarti meco, no, tu non vorrai,
Per la modestia che dell'ombra gode:
Nobile esempio nel mio cor tu stai,
Quando ai miei figli vigilo custode;
Per essi io parlo, e per chi si consiglia
Santo il.culto a serbar della famiglia.

Candida lode soave, che così nitida e vera, ridesta nei tumulti del core i ricordi più reconditi e cari d'una madre perduta, di cui l'anima, l'intera vita, vive, palpita in noi: è noi stessi!

E di quale amore il Brunamonti contraccambia la compagna fedele e preziosa! Quanto orgoglio egli sente in quel nido prediletto dalla natura e dall'arte! Compiacenze ineffabili quando in ogni colloquio egli cooperava alle dotte ricerche della donna cara, che alle più alte indagini era stata potentemente educata dall'assidua abnegazione del padre diletto.

E quanto religiosamente l'Alinda ha riposto nell'imo del core, come in una fonte di opale o di acanti, tutti i ricordi del padre! Egli fu inesorabilmente rapito alla figlia nel 1871 in Recanati. Ella lo invoca sempre nelle sue tenere e flebili cadenze:

..... unico amico
Genitore e maestro,

che la fanciullezza avvalorava della figlia,

Nelle delizie che il saper distilla.

E lo implora, come fuggito ad altro cielo:

Vivi, oh vivi per me nelle supreme
Delizie dell'amor, se non m'inganna
La virtù che mel dice; e d'indi chiami

---

[1] L'ottima madre sua fu Teresa Tarulli Bonacci, morta a Recanati il 6 giugno 1885, santa e serena come era vissuta.

Pietosamente e aspetti la tua figlia
Che a seguirti s'affretta. Oh se de' sensi
La scura nebbia si fugasse alquanto,
Bramosamente la mental pupilla
Sospingendo colà dove tu stai,
Ti rivedrei nell'amorosa e pura
Eternità di luce, onde la vetta
Della Patria immortale è coronata.

Nel marito affettuoso e nella fede in Dio trovò la forza di sopravvivere al padre:

..... non è, come sognai,
Così mesta la vita;....
..... tanto deserta e sola
Rimasa non son io, quanto il dolore
Spesso all'afflitta fantasia mi pinge.

L'alta serenità di quella coscienza intemerata, pur nella tempra melanconica dell'anima eternamente pensosa, non era smentita mai dal viso dolcemente altero della sposa bruna e fiorente, la cui matronale figura e lo sguardo nero profondo in un languore fulmineo, s'insinua ed incanta come il ritmo del suo poema immortale.

E il Brunamonti fedelmente e con lo stesso amore continuò per la sposa la erudita cura e l'efficace scuola del padre, avendo ricevuti dal Bonacci gli stessi indirizzi di dottrine e di aspirazioni dati all'Alinda. Le innamorate anime gemelle, così avvinte, hanno percorsa intemerate e forti la via della sapienza e dell'affetto, nell'imperituro e imperturbato retaggio paterno.

Da questo connubio felice nacquero due figli: Bice e Fausto, idolatrati dai genitori:

Pur, benchè bello il maggio, il suo sorriso
Parmi farsi più vivido e più fresco,
Se lo contemplo a' figli miei nel viso,
Rorido e allegro come il fior del pèsco.
Ve' la maggiore. Candida fanciulla,
Che sempre ha sete de' materni baci,
Nè mai posa, e redò sin dalla culla
Il favellio de' passeri loquaci.

. . . .

Civil possanza sugli umani ha il canto.
Pe' miei figli cantando, il guardo volto
Sempre in alto terrò .....

Ma ahi! un anno dopo, interrogata da una donna semplice
sul suo bambino:

Chinai gli occhi, e: Da un anno orba ne fui
(Dissi); or lo cerco ne' fanciulli altrui.

Oh, quale strazio per una madre così sensibile ed amorosa
il vedersi strappare dalle braccia per sempre tanta parte di sè; il
sospiro, la festa dell'anima sua: ma il cielo, quel cielo che tutto
promette a chi sa scrutarlo, rinfrancò quella povera madre, che
già nel poemetto *La terra* aveva esclamato:

..... La vasta terra
Tutta è una tomba! La vital favilla
Arde sopra le ceneri infinite
Di morte crëature, e si rinnova
Per distruggersi ognor!
                    Dove mi porti
Sconsolato pensier? Nata alle gioie
Della fede immortale e della speme,
Non al dubbio son io, non dell'amara
Disperanza al sorriso!... Ama e saprai
Com'è bello il creato.... Una scïenza
V'ha che amando s'acquista, e chi più sale
Nell'arduo calle dell'amor, più sente
Libera farsi l'ala, e più sincera
L'estimativa, e con miglior pupilla
L'ordine eccelso di natura apprende.

E meditando su la Parola, che viene all'anima infantile fin
dall'inizio del viaggio terreno, e che diventa libera e forte col
crescere degli anni, e par messaggio disceso da Dio, ognor più si
rinfranca, e salda mira al di là della tomba:

Più profonda ed austera è la loquela
Nei foschi giorni, che la vita stanca
Sente ch'è d'uopo ammainar la vela.

8

Si fa sublime e lucida al pensiero,
Quando la lieve navicella bianca
Entra dal mar del sogno al mar del vero.

Torna, rapita nell'anima, a contemplar la Bellezza, verso cui
scioglie un inno magnifico:

Dai profondi burroni e dalle valli,
Nel discendente vespero dorate,
Dalle algose del mar grotte gemmate,
Tra purpurei boschetti di coralli;
Per le ninfee, per le casmerie rose,
Di tepida oriental notte all'incanto;
Lento si leva alla bellezza un canto,
Un sospir lungo delle amanti cose.

. . . .

Chè melode sei tu, sdegno ed affetto,
Giovinezza ti chiami e primavera,
Luce e sospir della natura intera,
Temperanza e armonia d'ogn'intelletto.

* * *

La nostra Poetessa, intenta sempre al movimento letterario e
scientifico ed alla progressiva intuizione psicologica e filosofica, fu costante ammiratrice dei più grandi ingegni del tempo; ed ella fu, a sua
volta, venerata e confortata dall'amicizia dello Zanella, del Duprè,
del Guasti, del Conti, del Puccinotti, dello Stoppani e del De Gu-
bernatis, e più intimamente da quella di Andrea Maffei. Incorag-
giata nello studio delle arcane naturali bellezze dallo Stoppani, e
specialmente dall'insigne naturalista e scrittore prof. Giuseppe
Bellucci, onore della patria università, con tanto amore vi si
addentrò, da riuscire magnificamente nella rinnovazione della
poesia suggestiva, meglio corrispondente alle forme analitiche e
speculative dell'epoca nostra. La Brunamonti vince ogni rigidezza
e monotonia, e il suo canto scientifico, sempre luminoso, denso

e penetrante, reca in quest'opera di genio il sostanziale carattere della vita.

In uno de' suoi canti più belli, *Stelle nere* — stupenda ispirazione apocalittica rivolta allo Stoppani — nella terribile descrizione della morte d'un astro:

> Ditene, o cieli, l'ultima
> Agonia di quell'astro. — Era una sera
> Fioca in tutto il sistema. Atri e fuggevoli
> Scoppi di foco avea la fotosfera:
>
> . . . .

con improvviso slancio lirico s'interrompe all'enigma, ed interroga:

> E ch'è mai questa grande e tetra dea̖
> Che si chiama la morte, in cielo e in terra?
> Con qual diritto alla virtù che crea,
> Alla luce, alla vita, ella fa guerra?

ed agli animistici tentativi, senza risposta, colta da stupore, s'arresta, e confessa:

> . . . . . se un vano ardir mi persuade
> L'alta mente a tentar della Natura,
> Dal gran tempio del Cosmo in me ricade
> La superba domanda e mi spaura!

Ella, come il D'Annunzio, ci comunica con parola flessibile e fremente la sensazione della bellezza meravigliosa, dell'immagine veristica. Nell'*Inno al mare*:

> . . . . . Un infinito
> Fremer di gioia e di desio destava
> Sempre in me la tua vista, e la vivace
> Fantasia discendea nelle tue valli
> Di scrutarvi bramosa ogni mistero.
>
> . . . .
>
> Ma negli abissi tuoi, vasto oceàno,
> Regna il silenzio. Unica voce è quella
> Del vento e dei marosi, onde flagelli
> Le rigide scogliere.

Il mare libero, sconfinato, sonante, è sempre la sua mèta; e
nel canto *Dai monti alla marina*, ansiosa e impaziente di rive-
dere le rive famose, con un verismo che invade la mente anche
dei più ignari che per la prima volta convergano al mare, esclama:

> Talor mi circonfuse orrida notte,
> E lento e faticoso era l'andare:
> Ma sempre, in fondo alle rocciose grotte,
> Vidi un tenue spiraglio luccicare.
> Chiusi orizzonti,
> Pensili ponti
> Passai: nè ancor son giunta al divin mare.

L'*Inno ai monti* le offre materia per cesellare mirabilmente
tutta la potenza di significazione e di suggestione degli spettacoli
naturali e delle glorie passate:

> Vana non è per voi, nuove progenie,
> La fiera ebbrezza de'perigli e il vanto,
> Quando per l'aria intemerata vibrano
> Le prime note dell'umano canto.
> A voi compagne dai domati vertici
> Scïenza ed arte torneran sorelle,
> Sposando al ver negli amorosi numeri
> L'immago e il culto delle cose belle.
> E fia l'arte immortal de'patrii cantici
> Che pellegrina l'Alighier seguia
> Dal sacro fonte d'Avellana al Catria,
> E all'esule i sentieri aspri fioria.
> Ch'ei pria di voi (nè ancor s'udian su'pensili
> Ponti rumoreggiar le vaporiere,
> Nè dileguava il fumo in liste candide
> Pe'rosei cieli delle nostre sere)
> A piè varcando la discorde Italia,
> La pace e il canto all'ospite Appennino
> Chiedea ramingo; e per la queta e fertile
> Umbria a Gubbio selvosa ebbe il cammino.
> Lui vide il sasso della cruda Alvernia
> Pensoso forse che fratelli indarno
> Scendean di là per due diversi popoli
> I due fonti del Tevere e dell'Arno.

Dal seren golfo in che si guarda Lerici
Ascese il monte ripido e sassoso;
E di Carrara le spelonche candide
Gli fûr d'ombra cortesi e di riposo.
Rimontò la corrente ampia dell'Adige
Esterrefatta dalle frane a Trento;
E la nebbia dell'Alpe, come tenue
Mare, il cinse di bianco ondeggiamento.

Nella pace notturna, mentre tutta la natura è sopita:

Chi diria che s'asconde
Un terribile inganno, uno sgomento?
Un subito fragor quasi di vento
O di tuoni lontani
Interrompe i silenzi; agitan l'ale
Gli augelli scossi da terrore ignoto;
Un ulular di cani
Si propaga da lunge.... ecco il tremuoto!

E dice alle stelle, nell'inno omonimo:

..... Illusïoni antiche
Molte in fuga ponea la vincitrice
Scïenza, e con superbo occhio potente
Oggi il mortal v'affisa, ordine e legge
Scopre nei vostri sempiterni giri,
E le vostre sustanze e gli infiniti
Spazi misura, e coll'alato ingegno
Liberamente infino ad essi ascende.

Nelle *Illusioni*, ossia *La veglia d'una notte d'estate:*

..... Ecco la squilla
Novamente del tempo .... e tre dal punto
Di mezzanotte ore trascorse accenna,
Affidando alle meste aure quel suono
Che par ripeta: illusïone è tutto!
Illusïone! è ver; tu sola usurpi
L'impero in terra che è dovuto al vero!

E tutto sempre è illusione e sogno,
Fuor di questa immanchevole, segreta
Parola di natura: — In terra vivi
Peregrino fra l'ombre, e ti ricrea
Di giocondi fantasmi infin che cada
Per sempre dell'arcana Iside il velo.
Ma se fuor d'ora la terribil Dea
Si rivelasse, fulminate al piede
Di lei sarien le crëature involte
Nell'enigma dei sensi, e il tempo e il vasto
Diffondersi dei spazi assorti a un tratto
Fòran per sempre e annichilati in grembo
Della incompresa eternità. —

Tutti i fenomeni della natura le ispirano versi d'amore, sensi di pace, pensieri di religione e di morale.

Canta un'aurora boreale, i crepuscoli purpurei, i fiori di gelo, la fosforescenza marina, il cavo transatlantico, i fili telegrafici.

Allo spirar del vento, il filo telegrafico vibra sonoro; e:

Il villanel che torna al suo giocondo
Casal si ferma, ed ascoltando attento,
Pensa: — Passar le gran notizie io sento,
Le gran notizie onde si turba il mondo.

Osserva le apparenze della vita nella *Fosforescenza marina:*

Non più le Nereidi per tepide notti
Accendono il mare di tremoli albori:
I rigidi libri tra i volghi già dotti
Fan noto l'arcano dei gemmei splendori,
    Mostrando una turba che a galla si stende
Sottile, infinita di vite marine;
Son esse che pronte, se un tocco le offende,
Sprigionan di notte le vampe zolfine.

Chiede a una cometa, nei *Crepuscoli purpurei* del 1883:

Narra, o leggiadra reduce
Del gran sidereo mare,

> Quanto ai silenzi gelidi,
> Lungi dal sole, il correre
> Più sconsolato appare.

Odiatrice di ambigui affetti, di studiate grazie, nota nei *Fiori di gelo:*

> ..... Io vidi scintillar diamanti
> Sovra nitide chiome e incontro al raggio
> Dei doppieri gittar obliqui lampi
> Quei rigidi diademi; ed eran fiori
> Di gelo!....

Nel canto tripartito *La terra*, dedicato al suo illustre sposo, con le epiche forme di Grecia e di Roma, guidata da superbe immagini, dalla prima èra geologica a quando

> ..... una celeste
> Virtù sul rinnovato orbe s'infuse,
> E la terra sentì d'esser feconda
> D'una prole più bella;....

termina fantasticamente il poema:

> ..... Nella lunga guerra
> All'uom serbano i fati aspra vicenda
> Di sconfitte e vittorie, anzi che giunga
> Quell'unica e solenne ora di gloria
> Nei secoli lontani, in cui (se un lieto
> Sogno non è di fantasia) la terra
> Di propria luce correrà lucente
> Nei spazi interminati, e alle sorelle
> Sfere col riso annunzierà che il cenno
> Onnipotente la cangiava in sole.

E questo convincimento filosofico dell'evoluzione, esposta suggestivamente con profondità di sentimento e di dottrina, è anima e vita del poema di Mario Rapisardi, con la differenza che mentre ella combatte un negativismo impotente, questi fa trionfare la ribellione dello spirito in tutte le sue esplicazioni.

*   *
*

Anche il genere satirico trattò con maschio coraggio, con arguzia sorprendente, con lepido umore la Brunamonti; e nella sua trilogia *Microcosmo,* sferzando " i mezzi ingegni, l'arte ibrida, i tenui paurosi voli, gli eclettici, i miopi, le rapine dissimulate ", nel coro di zanzare ripete con esse:

> Noi, che destiam coll'agile
> Dardo un sottil turgore,
> Possiam ronzare e ridere
> Di quanto viene e va.

E

> Del gatto imitando le fedi pazienti
> Innanzi ad un fesso,
> Laddove fuggendo dai perfidi denti
> Un sorcio s'è messo;
> Assisa in silenzio contemplo lung'ora
> I piccoli lari,
> Le geste, gli affanni, eguale a chi esplora
> Incogniti mari.

Vede *Un topo di libreria:*

> Io scaltro, io dotto, io critico,
> Filologo studente,
> Conosco bene il secolo,
> So adattarmi all'ambiente:
> Nel ventre ho molti codici,
> E nel ventre ho la mente
> Chiederò l'esercizio
> Di libero docente.

Una topessa:

> Mangiai, senza la debita licenza,
> Molti libri proibiti,
> Per passar lietamente il carnevale.
> Or faccio penitenza:
> Rodo un discorso quadragesimale.

Una chiocciola dottoressa in riva a uno stagno:

> In riva a questo pelago,
> Sul tramontar del dì,
> Un paio di belligeri
> Vascelli mi apparì.
> Oche nomarle o papere
> Un contadino osò:
> Forse il *Duilio* e il *Dandolo*
> Pel nostro mar salpò.

Ode un coro di *Protozoi,* la cui vita

> Salta compressa: in aere
> Mefitico dilaga,
> Tripudiando; e in un'orgia
> Di vittime s'appaga.

*   *
*

La Brunamonti svolge i più puri ideali intessuti di affetto, di grazia e di dolore, di scienza e di misticismo sublime. Ella santifica la famiglia e la patria, annoda in connubio fraterno tutta l'umanità, e la eleva a Dio nel trionfo del bene, non dimenticando mai il precetto degli immortali Maestri: " Allora le belle lettere saranno trattate a proposito quando si riguarderanno come un ramo delle scienze morali „; e il Leopardi aveva asserito " che sono stati pochissimi gli Italiani che all'eccellenza delle lettere congiunsero la profondità dei pensieri e molta notizia ad uso della filosofia avvenire „.

9

A tutte le manifestazioni storiche della poesia ella rese onore
nell'*Inno alla Musa*, ritraendo stupendamente la greca, la latina, ·
l'italiana:

> .... E delle grazie antiche
> Inesperta non fu la verginetta
> Arte, rinata fra i laureti d'Arno,
> Contemplativa, amante, sospirosa,
> Spirital, nel dolor santa e nell'ira.

Come

> L'impavido Cantor, che dal profondo
> Dite tornava a riveder le stelle,

ella

> Disse dolci canzoni;....

a lei

> Le nuove note illeggiadrì l'amore.

Nell'innata mestizia che tutto avvolse il suo peregrino spirito
d'un velo sottilissimo, trasparente, come lo sfumare d'un nimbo
di rosa in una tinta violetta su cielo perleo dorato, sempre in
forma sobria e gentile esclama:

> Non pei beati è l'arte; e poco arride
> L'indocil Dea, delle compiute imprese
> Agli ozi allegri, alle baldanze oneste
> Delle vittrici libertà. Discende
> Tra gli esuli e gli oppressi, e in petto ai prodi
> Le sante ire feconda. E se alle afflitte
> Patrie s'aggrava il non placabil fato,
> Ella audace e prudente, una robusta
> Di carmi gioventù cresce e consacra
> Ai nascituri.

E alludendo al Manzoni:

> A te la speme e l'aspettar sicuro
> Dell'eterne giustizie; a te fu dato
> Trar dalla pugna degli umani eventi
> La scintilla del bene, o innovatrice,

Grand'anima lombarda! E tu, per tenue
Giro di casi, a dissuete fedi,
Con miti accorgimenti, il dubitante
Secol richiami : sulle nostre glebe,
D'odio riarse, un fil d'acqua argentina
Dal puro fonte del Vangel derivi,
E l'antica prosegui opra di Dante.

Ma angustiata perchè

Oggi, del riso di Canidia erede
E de' pallidi riti, la delira
Musa nel fango della vita scende,
E il numeroso piede a fescennine
Danze costringe ; o alle soavi stelle
Ululando dispregi e disperanze,
L'arte nel ver livido affoga, e strane
Musiche e carmi all'avvenir consacra;

con un volo lirico dei più belli, rivolta alla Musa, chiude quest'inno
degli inni, inarrivabile per forma, per simbolismo e per concettosa sintesi :

..... Vedi ? se per poco
Dal dissidio ti parti e dal tumulto
Invido e acerbo de' convegni umani ;
Rigenerata nella pia letizia
E nel vasto silenzio di natura,
Maledir non saprai, nè il vero abbietto
Far segno all'arte. Già, ne' verdeggianti
Pendii t'avvolge la purpurea sera,
E coi susurri dell'aure, delle acque,
Dal meditante spirito si leva,
Degno di Dante e di Virgilio, il canto.

Così ella in *Flora* purifica l'arte, sovranamente rivestendola
dell'iri suprema di Dio:

L'arte, l'anima e l'acqua eran gemelle,
Benchè seguisser contrario cammino;
Chè all'acqua sempre scendere è destino,
L'anima e l'arte anelano alle stelle.

Le fa più care, trasparenti e belle,
La verità, dolce splendor divino;
Che tutte, come specchio cristallino,
La ricevono in sè le tre sorelle.
    Eppur le tre sorelle, or chi direbbe,
Che possan tramutarsi in pingue gora
Onde lenta vien su la lutea febbre?
    Se a' rai del sol non vaporasse, allora
Nessuna delle tre ritornerebbe
Nel casto riso a rispecchiar l'aurora.

Ed è un casto riso divino quello dei tuoi cento sonetti, o Alinda; è una primavera eterna, sul cui verde oliscono fiori perenni come rubini e zaffiri; son raggi di stelle, splendori di sole; sono connubi dell'anima amante che tersa s'immilla per l'infinito in alto, in alto, in alto nella purezza dell'invisibile.

E lontana da ogni tumulto, quest'invisibile penetra nell'azzurro della tua mente, che investiga diffusa in uno spazio senza confini:

    .... E non è azzurra
La gioventù, l'amore, la speranza,
La gioia ancor non nata e i puerili
Sogni del core: azzurra è la distanza.

* *
*

Oh, donna eccelsa della mia Perugia, la tua forte lira e il tuo verso sempre giovane, giocondo e fluente, scorre da un capo all'altro della patria diletta, ed anche oltre monti ed oltre mare evoca ricordi gloriosi, confermandole il diritto di terra de' canti e dei carmi. Il padre Dante veglia sovrano e, con la gagliardia delle eterne memorie, dai marmi e dai bronzi tuona ancora con i suoi seguaci.

Tu, Brunamonti, sei loro conserta, e con essi vivi, speri, ami, lavori, combatti. Il tuo genio è sempre fulgido e penetrante, come il tuo occhio, e bella ancora nella dolcezza de' tuoi sorrisi, con-

templi l'incantevole natura che ti circonda..., e la tua mente
universale si posa sulle glorie viventi dell'arte, come quando pre-
gavi ai piedi delle silvestri edicole:

> .... ove il piè della capretta
> Sveglia l'olezzo della menta alpestre.

Si posa tra le nere casipole dei poverelli, ove tu offrivi, angiol
d'amore, il tuo pane, ove imparasti che cosa è soffrire; e rivedi
quei fiori degli sterminati rusticani giardini, di che ti empivi il
grembo; e alla rosea contadina che ti dimandava: — Che ne fa,
signora? — rispondevi: — Ne faccio una medicina da guarire la melanconia. — E piccina piccina ti facevi tu coi meschini, perchè non
si accorgessero della propria pochezza.

La patria Pinacoteca colle sue bellezze attrae l'anima tua; i
monumenti, il creato, Dio, nelle tue delicate sensazioni, acquistano
il fascino d'ogni maggiore splendore. Tu, il marito e la figlia, al
pari di te virtuosa, adori; e piangi ancora il tuo perduto angio-
letto, come quando la tua arpa gemè così:

> Dimmi: perchè dall'eternal sereno
> Risponder neghi a' miei pietosi lai? .
> Perchè non torni a consolar giammai
> La tua povera madre, in sogno almeno?

Ti contenteresti d'un sogno, o mia Signora? ma tu sai meglio
di me, che dopo il sogno saresti più infelice di prima!

> Dacchè fuggisti il suo fidato seno,
> Fuggisti, è ver, tutti i terreni guai:
> Ma soletto lassù, come potrai,
> Senza la madre, esser beato appieno?

Ragione santissima, espressa con amabilità nuova e gentile;
ma pur troppo acerbamente antica. Come potrebbe esistere la felicità in terra per chi vive orbato dei genitori? Non può conside-
rarsi un ramo a cui manchino radici e tronco, manchi la vita? o
per chi vive orbato dei figli, di sè fronda, fiore e frutto, e così

della vita istessa? E come beati in paradiso, divisa l'anima da quell'amore, che è lo spirito nostro?!

Ma tu, pia donna, sempre intesa alla essenza del conforto divino, così purifichi te stessa innanzi a Dio:

> E pria di vaporare innanzi a Dio
> In odorosa nuvola, l'incenso
> Piange pur ei sull'arbore natio.
> Nè degno sei di penetrar l'immenso
> Lume, se non puoi dire: Ho pianto anch'io,
> E il pianto ha in me purificato il senso.

Sorridi ancora alla tua Perugia, la luminosa città del tuo cuore; poichè, come Maria:

> Idoleggiata nel pensier latino,
> Dai bizantini uscia rigidi veli,
> Bionda, candida, bella e circonfusa,
> D'italica dolcezza, in mezzo ai gigli
> De' mansueti altari;....

tale, a te, l'augusta città, flessuosa tra i vaporosi veli dell'alba, irrorante il tuo tavolinetto alla fresca ringhiera appoggiato, appariva adorna e fiera di spirituale bellezza:

> Tutto in te mi fu caro: il ciel che suole
> Irradïarsi di tanto sereno,
> I tuoi templi, il Palagio e Porta Sole,
> L'aura pura, la Fonte, il Trasimeno,
> E quei leggiadri ed ondulati clivi
> Di selvette e di canti ognor festivi.

E come allora, lontana dai nevrotici scatti femminei, l'anima tua idillica visse sempre beata:

> Tra il riso di due cieli,
> L'uno eterno e verace,
> Riflesso l'altro nella queta pace
> Della mente serena.

* * *

Quanto nobile ed attraente è l'Alinda anche nel domestico conversare; mai in lei affettazione veruna, pur trattando di cose altissime, ma sempre modestia e disinvoltura. Dinanzi alla poetessa, che alla somma dottrina congiunge il decoro di ogni luminosa virtù di figlia, di sposa, di madre e di cittadina, ci sentiamo presi e come commossi dalla più alta venerazione.

La donna esemplare tiene in singolarissimo pregio l'operosità femminile; ella, in ogni lavoro domestico peritissima, quando anche, per l'assiduità de' suoi studi virili, non può darsi ai muliebri offici, ma può solo dirigere la bisogna, sa bene qual sublime poesia emana da quelli, e quale inno di fede e di amore scaturisce tra un ago ed un filo, per l'angiolo dei domestici lari e per la invitta operaia. E in tutto, coi fatti come con le parole, esalta la virtù della donna, e sente orrore al pensiero di onori violati, di fedi infrante. Verecondo, operoso e lieto era il dì che

> ..... al manco dito,
> Decoro e sicurtà, l'invïolata
> Gemma fulgea che verginette un giorno
> In amor le congiunse, onde fu sacro
> Presso all'ara di Cristo il giuramento.
> Or ferini connubi avida chiede
> L'età corrotta; e costumanze e leggi
> Dai consanguinei quadrumàni impara,
> Superba e abbietta!.....
> . . . .
> ..... Indarno
> La nuova civiltà splendida ostenta
> I doni suoi, se più selvaggio è il core.

Come s'infiamma di santo sdegno verso gli oziosi e i codardi, così, nell'enfasi della sua ammirazione per il lavoro, magnifica l'onorato sudore del bifolco:

> Oh studio almo de'campi! oh pia ricchezza
> Col colono divisa! A voi non gravi

L'opra sudata, o agricoltori. Il solco,
Che co'fumidi bovi apre l'aratro,
Liberalmente a voi rende frumento
E pace e onore e candidi costumi
E robusta vecchiezza. Indarno chiede
L'ardimento dei forti, il generoso
Ardor dei sacrifici, e la tutela
De' prudenti consigli a un infingardo
Popol la patria.

E nei moti magnanimi del suo cuore prende parte a tutte le
umane sventure, come quando con calore irrompente, plaudiva ai
generosi che accorsero ad alleviare i dolori della catastrofe d'Ischia,
con i versi che ci oscillano ancora nell'anima:

E il Re, cavaliero d'Italia e di Dio,
Progenie illibata di santi e di forti,
Conduce ai perigli, magnanimo e pio,
La nuova crociata sul campo dei morti.
    A lui ci congiunge concorde il dolore:
E indarno all'eccidio de'figli congiura
La terra materna; se insegna l'amore,
Adoro, piangendo, la stessa sventura.

Nel suo amore universale, nella meditante contemplazione,
ammaliata da quel soffio divino che unisce le creature a Dio, ella
cantò, come il Serafico in ardore, con l'augellino, e invocò per
esso lo spino:

..... Se a te vicino
Pasce l'agnella, un bioccolin di lana
Le carpi, per offrirla all'uccellino,
Che non fila, non tesse e non dipana:

e, nella compiacenza del beneficio e nella gratitudine dell'uccellino,

..... tutta la spinosa pianta
Tremò di gioia, e diè vita alla rosa.

Sorrise al vermicello, e nel quasi invisibile filo onde esso intesse la cuna de' suoi nati, o si apparecchia la via alle brevi emigrazioni e ai ritorni, l'Alinda, col suo agile ritmo, saluta l'iri del cielo:

> Gli stessi fili serici
> Che il vermicello tese,
> Son collanette fragili
> In sette gemme accese.

Ma sono anche un

> Fatuo tesor che all'igneo
> Sol si discioglie lieve:
> Solo al poeta è gaudio
> Quella ricchezza breve.
>   Chè, sapïente orefice,
> Incastonar nel canto
> Può quelle gemme e accenderle
> Di non fallace incanto.

Sempre protettrice dei deboli, e avvalorata dai più pietosi sentimenti, in ogni opera buona, privata o pubblica, della città o di fuori, l'inclita donna prende parte col consiglio e col cuore. Madre amorosissima di tutti i bimbi, s'ispirò per essi e intessè l'*Inno alle culle*, inarrivabile per intensa soavità d'affetti, per larghezza di disegno, per verità ed efficacia di rappresentazioni, per sintesi comprensiva. Non sono solo le culle degli uomini, ma tutte le culle della vita, nell'aere, nei campi, nei boschi, nel mare.

> Ma tu nel suol, nell'aere, o previdente
> Natura, e in fondo alle marine valli,
> Gli esili germi della vita spandi,
> E gentilezza d'amoroso istinto
> Spiri alle madri. Ne compon le cune
> Con muschi e lane l'augellin randagio,
> Con alghe il cigno, e col vital suo filo
> Di seta il vermicello. Eppur vincendo
> Tutti di senno e di civil valore,
> Legislatrice e vergine guerriera
> Nella cerea città l'ape difende

I cari alunni, e di nettareo mele
Colma per essi le odorose stanze.
Santa, materna carità, che tutto
Compensa ciò che di nefasto ha il mondo!

E tutta in uno splendore di subbietti e di sentimenti profondi, tra il profumo dei fiori, i fremiti e i bisbigli delle tenui vite, al casto raggio lunare, con Rapisardi che canta:

" L'aria, l'acqua, la terra è una festa,
Oh l'aprile, l'aprile, l'aprile!
Il ciel suona di canti e di baci,
Freme il bosco d'amplessi e di nidi,
Oh l'amore, l'amore, l'amore! „

ella ai talami fecondi s'inchina, e quale in essi una virtù si celi addormentata, sapiente ignora: onde conclude:

..... A me dintorno
Voi venite, o fanciulli, e baci e fiori
Porgete. Come l'augellin del bosco,
Ha più dolce sapor della scïenza,
Al materno mio cor, l'inno e l'amore.

* *
*

Ardentissima come la giovane Negri, la Brunamonti anela a tutte le fratellanze umane, e ad esse consacra la vita, l'arte, l'ideale; ma in maniera più fine, più limpida, e non meno sfavillante e sicura; più mite e non meno forte. L'aquila indomita, che dall'alto della sua Lombardia, spiega il volo sconfinato, percorrendo colla sua lirica impetuosa, tragica, terribile, affascinante, tutta l'umanità, accogliendola sotto le ali del suo materno, incommensurabile amore; eccitandola alla riscossa del diritto, alla ribellione contro i prepotenti, crea il Poema fieramente dolce, tremendamente felice! Ma non men dolce e felice Poema è l'amore universale della Brunamonti, che, risvegliando gli uomini alla santità del dovere, alla forte dignità dell'opera, emancipa lo spirito divino dei nuovi schiavi d'una civiltà abbietta, ed elevandone il sentimento, lo purifica, l'invigorisce e lo perfeziona, rimovendo nella scienza dell'universo l'intimo e inesorato conflitto degli umani destini!

Il ritorno delle rondinelle, le nozze dei gigli, le notti serene, il gemito delle tortore, l'urlo del lupo, il trillo dell'allodola, la voce dei mari, il canto dell'invitto operaio, tutto si fonde ed esulta per lei nel progresso e nella giustizia. L'Alinda non ha sostanzialmente sofferto; ma profondamente conosce ciò che sia soffrire, ed è questo il merito più grande dell'opera sua meravigliosa.

Ella riflette in amore le stesse dolcezze paradisiache di frate Francesco; in arte le stesse spirituali bellezze di Raffaello. Il primo, del suo amore purificò il mondo; il secondo divinizzò l'arte per l'eternità. Questa triade fu il sogno celestiale piovuto negli umbri orizzonti.

*   *
*

Ma, ahi! il tuo fisico è precocemente accasciato, o Alinda, per le lunghe e penose vicende d'una malattia implacabile. Pur rassegnata e calma nella tua sventura, con l'anima angelica, impavida al terreno dolore, miri ancora dal tuo placido divano, per l'ampia finestra, la luce infinita, e con l'iri del vasto pensiero contempli le arcane notti stellate, compagne ferventi della tua Musa nel sempiterno giro degli astri.

Così ne cantasti allo Zanella, amico sincero e prezioso della tua vita e dei tuoi studi:

> Stelle, il cui balenar nelle tranquille
> Notti agli umani sguardi in parte svela
> Dell'esser vostro negli eterei spazi
> Il remoto mistero, o voi che un dolce
> Raggio inviate agl'infelici in terra,

E d'arcane favelle e di sorriso
Date ad essi conforto: oh quante volte,
Molle il ciglio di pianto, a voi mi volsi,
Come a lontane amiche, e voi benigne
Le morenti nel mio debole spirto
Della vita speranze e dell'amore
Riconfermaste! E non indarno a questo
Umil pianeta la chiarezza vostra,
Lucenti mondi, è manifesta: eterna
Legge di tutte cose ordinatrice
Vi disponea per l'etere infinito
Alla perpetua festa, e non sofferse
Che l'uno all'altro ignoto in suo solingo
Nido vivesse, come l'uom che abborre
I giocondi consorzi e le soavi
Corrispondenze de' fraterni affetti.
Nel ricambiarvi i tremoli splendori
Con mutua cortesia, di voi ciascuna
All'altre stelle sua beltà palesa,
E i notturni sereni ad esse ingemma.
Però se il ricrear gli accesi sguardi
Nei vostri lieti rai non è concesso
A cui si nega il ben dell'intelletto,
M'è caro imaginar che luminose
Siate voi stesse intelligenze, o in grembo
Menti accogliate che del ver sien degne
E della santa voluttà del bello.

Te, valorosa, per la " santa voluttà del bello „, non abbatte lo strazio del fiero malore che ti tormenta, e attendi ancora a' tuoi studi; lavori ancora intorno alla correzione delle tue prose eleganti e possenti, intorno alle tue *Georgiche* predilette; e co' tuoi grandi occhi, quasi già fissati nell'eternità felice, segui il poetare, che era per te il tuo palpito, la tua esistenza, non lo scatto di femmineo eccitamento — come è di moda — ma la più naturale esplicazione dell'anima tua di angiolo, di trovatore e di artista: da cui

..... un rivo derivò di canto
Che scaturì dal vero e corse al vero!

e per te manda ancora dall'etereo velo

> Qualche rosa l'aurora al piccol gorgo,
> Piccolo sì, ma del color del cielo.

Quando il tradurre era la febbre gagliarda della tua coltura, dalla dissepolta Pompei ti giungeva l'eco d'un triste canto nordico, che a noi vigorosamente ripetevi con la celeste tua musica, e che alla dolce Polonia augurando la resurrezione dal sepolcro, finiva:

> E forse allor qualche Anfïon col canto
> Rialzerà della sua patria Tebe
> Le diroccate mura; il soffio eterno
> Correrà su quei sassi, e fian conversi
> In falange di prodi, in popol santo!

Ora, abbandonato il capo sull'omero del compagno diletto, ad alleviare l'ansia de' suoi timori sulla tua salute, narri alla sua compiacenza, raccogliendo l'enfasi d'una martire, le impressioni fulgenti de' tuoi ricordi, quelli che cantò la tua cetra divina; e nel malinconico, ma perenne pensiero, ti passano in rassegna gli Appennini luminosi, l'imponente terrazza del nostro giardino, le acque or limpide or minacciose del padre Tevere, le rovine, i villaggi ridenti, la Torre di S. Manno, l'acropoli dei Volunni, l'orologio secolare da cui:

> Perpetua rimormora e oscilla
> La voce degli anni remoti,
> E passa per l'aria tranquilla
> E agli avi rannoda i nepoti.
>
> . . . .
>
> Di quanto trapassa e rimane
> La squilla è l'immagine vera;
>
> . . . .
>
> Richiama memorie lontane
> A gente che soffre, che spera;
> Un suono per secoli eguale
> Annunzia qualcosa immortale.

Insomma tutto il poema di Perugia nostra è con te, e per te si fanno sublimi tante gloriose memorie, già sacre all'arte e alla storia.

No!! tu non morrai! I tuoi carmi furono cantati con Pindaro, con Orazio, con Virgilio e con Dante: Manzoni, Leopardi, Pellico, Foscolo, Aleardi vi trasfusero supreme bellezze, ed i tuoi inni passeranno fatidici, scintillanti nei secoli:

> Chè superbo e durevole
> Dono il poeta ottenne:
> Attraversare i secoli
> Sulle robuste penne.

*
* *

La poesia non è che vigore, semplicità e grazia vera; amore immacolato ed eterno; armonia limpida e soave: e la Brunamonti che accoppiò a questi doni ingegno straordinario, volontà ferrea, potente arditezza, coscienza e virtù perfetta, altissimo intelletto, sentimento divino; che fu fortunata di tanto padre e maestro; di studi severi, molteplici e profondi; di ambiente ottimo; di posizione agiata — per la quale potè dedicare la vita intera alle contemplazioni ingenue e radiose dell'arte — di fisico gagliardo e avvenente; dell'unione in un primo, forte e gentile amore, con un gentiluomo dotto e innamorato; e dello splendore del secolo luminoso, non poteva che riuscire la poetessa universalmente sublime. E in vero non mancò mai per la donna elettissima un'onda di ammiratori entusiasti, sinceri e consapevoli, fra i quali rifulse Margherita di Savoia, la fine interprete dell'arte e della virtù italiana.

*
* *

Dal genio formidabile, dall'ingegno poderoso, e dalla instancabile operosità di Alinda Brunamonti, si produssero e si fusero in una sintesi meravigliosa, specie multiformi di bellezza, ispirate tutte ad un gusto profondo, omogeneo, inalterato. Ella, somigliando al divino Michelangelo, mostrò a prova, che con la sua inesauribile potenza sarebbe stata capace di assimilarsi tutte le belle arti, e operare maestrevolmente in ciascuna.

E quella Madonna che fantasiosa innamorava lo spirito suo, ne'suoi rapimenti lirici a noi dipinta sublime, volle fermare sulla tela con colori e maniera finissima, nella soave ispirazione d'un viso verecondo, chinato a baciare l'eterno raggio nel divin figlio umanato.

Anche in plastica ella eseguì dei lavori pregevoli, fra i quali un'erma del suo bambino perduto, e una madonnina così originale per la morbida eleganza delle forme virginee, per la semplicità santa, che vista una volta non si dimentica più mai. Forse è lo spirito celestiale di Alinda che anima quella creta e ci conquide?

La donna gentile amava cogliere i fiori più belli, le erbette più rare, per conservarne le forme e i colori, ritraendoli ad acquerello con la sua magica mano; e raccolti amorosamente in volumi ne ha tanti e tanti, classificati e illustrati, quasi da far credere una delle sue principali occupazioni le ricerche della botanica.

Ella disegnava a matita, o ravvivava a colori le immagini e le composizioni della sua fantasia, la cui idealità e ricchezza è pari a quella ch'ella regalmente spiegava nell'arte sua propria de'carmi; e ne restano testimoni in un album quei numerosi disegni, dei quali non pochi ella donava alle amorevoli richieste di artisti e di uomini di lettere.

Io non mi perito opinare che questo infaticato, portentoso talento, a suo tempo addestrato nella scultura, nella pittura e nella musica, avrebbe fatto prodigi in tali rami, come li ha fatti nella poesia.

Non fa quindi meraviglia se questa donna grande, oltre alle stupende opere poetiche, ha scritto dell'arte e della sua storia, e specialmente dei capolavori della scuola umbra, colla fresca, nitida e leggiadra disinvoltura di chi ha l'animo, l'occhio, la mano, esercitati alla esecuzione perfetta d'ogni produzione delle arti sorelle.

Questa terra umbra, così sacra agli artisti ed ai santi, aggiunge anche oggi alle glorie d'Italia le opere ammirate d'una Brunamonti; le marmoree, splendide moli d'un Calderini; le pitture fresche e seducenti d'un Brugnoli, d'un Rossiscotti, d'un Bruschi, d'un Moretti; e in questi genii viventi palpitano ancora Francesco, l'Alessi, il Perugino, il Morlacchi, il Vermiglioli e i tanti altri che potentemente onorarono il suolo natale.

Altre perspicue figure letterarie, che appartennero alla seconda metà del secolo passato, illuminarono la nostra regione, quali un Cocchi, un Rossi, un Pennacchi, un Cozza, una Pieralli, un Montesperelli, una Bonaparte, una Florenzi, un Fabretti, un Bonazzi, un Brunelli.... e tutta la nobile schiera, già matura, plaudì entusiasta ai primi canti della nostra Brunamonti, incoraggiandola e prodigandole il più ampio e fraterno tributo di ammirazione e di affetto.

Questa eletta mente muliebre fra tutti emerse alta, venerata e cara. E tale la riconobbe ed ammirò la nostra Nazione, che più volte invitò la valentissima letterata a discorrere in cospicue città fra il plauso universale, sopra i più ardui e virili argomenti.

E sempre è l'arte l'ispiratrice feconda e sovrana della donna somma; e ne restiamo ognor più convinti, leggendo i cinque meravigliosi *Discorsi*, sui quali, con modesto criterio, mi piace più particolarmente diffondermi.

II.

DEI DISCORSI D'ARTE

I.

PIETRO PERUGINO E L'ARTE UMBRA.

Non credo sia stato mai scritto d'arte con tanta verità, con intuito così sicuro e sentimento sì vivo ed eloquente. Questi discorsi della impareggiabile Brunamonti sono realmente sopraffina miniatura della pittura; e, dirò meglio, un inno dolcissimo, un cantico maestoso all'arte sovrana della nostra celebrata regione.

Si aprono colla storia dell'arte, condensata e impersonata nella maschia figura del Perugino, per sollevarsi ad un'altezza sublime nelle insuperabili perfezioni del divino Raffaello. Perfino le pagine eleganti sul pio ed agile Zanella suonano successione melodica dell'inno che piglia il motivo dal Perugino e la nota dominante dal sommo Urbinate.

Nè la dolce melode si arresta, ma s'innalza e si dilata viemmeglio nella Beatrice Portinari, purissimo ideale e glorificazione di donna, per le intime affinità che legano il genio artistico dei Toscani agli Umbri limitrofi, della mirabile arte dei quali il Duomo di Orvieto è come il coronamento e fastigio superbo, nella sintesi geniale onde vi si consertono e compiono le tre arti sorelle. L'esame modesto delle cinque trattazioni darà un'idea dei pregi

11

non comuni di quest'opera bella, e delle eminenti qualità della valorosa scrittrice.

Non mi fermo sulle accuse gratuite fatte all'arte umbra da scrittori stranieri frettolosi, per quanto autorevoli e indagatori pazienti; ma la giusta rivendicazione che ne fa la chiarissima dissertante, con due tocchi magistrali di penna, è indizio luminoso del grande amore di lei alle glorie della patria, e monito severo a noi, che, facili alle impressioni delle sospette critiche esterne, non serbiamo a queste glorie il culto che meriterebbero.

Forse la prima spinta al nostro disamore venne da quella parte; ma l'urto non avrebbe avuto gli effetti deplorati senza il raffreddarsi del sentimento cristiano, che ha nella storia della civiltà una importanza rilevantissima. Di questa verità sono dimostrazioni personali Dante Alighieri e Giotto di Bondone, le due costellazioni massime del secolo XIII. Artista della parola il primo, artista della figura il secondo; dominatori e trasformatori del loro tempo, e ispiratori, com'è proprio del genio, di una legione di artisti, perpetuatasi per lungo giro di secoli fino a noi.

Quali fossero gl'influssi benefici di questo gigante dell'arte, che s'avvia maestoso per nuovi sentieri, è riferito con eloquenti comparazioni nel Capo III, ma sono poste in chiara luce le diverse maniere adoperate dall'artista toscano ad Assisi ed in Padova; alla quale rimase il vanto d'essersi assimilata, non senza ulteriori perfezioni, le finezze spirituali di Giotto.

L'impetuoso e improvviso sbocciare d'una civiltà, come nel periodo classico degli Etruschi, dei Greci e dei Romani, per opera dell'arte a mezzo il secolo XV, è descritto dalla illustre dissertatrice con vigoria d'intuito, di colori e di tocchi pari al fervore dell'attività, al dilatarsi dell'impulso e alla vitalità e bellezza delle opere, prodotte in quel ciclo felice. " Era uno scambio di forze vitali tra paese e paese, tra popolo e popolo: non si discuteva, ma si produceva soltanto. E, nella fretta e nella gioia della produzione, l'arte si moltiplicava sotto belle forme diverse, dovunque, per l'intelligenza dei principi, o per la magnificenza delle repubbliche, o per la pietà dei popoli, si chiedessero incessanti e nuovi lavori agli artefici „.

Certe intelligenze privilegiate non perdono di vista i difetti del loro tempo, affine di correggerli e rimetterli nella retta via coi provvidi richiami delle virtù che fiorirono in altra stagione: ond'io son di parere che questo specchio sincero dell'operosità e fecondità di quell'epoca esemplare, non è fatto senza un amoroso avviso al secolo nostro, anche troppo ciarliero, e così torpido in opere, dalle quali dovrebbe emergere la sua eccellenza civile. Se questa sia stata realmente l'intenzione della chiarissima Brunamonti, io non mi curo di sapere; ma ben mi preme di porre in luce il pregio singolare dell'opera di lei, e le pratiche applicazioni cui si prestano sempre, nelle appartenenze morali e civili, i nobili esempi ed i concetti generosi di una mente e di un cuore, che sanno derivare anco dalla storia dell'arte ammaestramenti salutari per nuovi e più nobili indirizzi di attività nazionale.

Più innanzi la colta Signora ci ha detto che l'arte è riflesso fedele della fisionomia paesana; ora dai fasti pittorici di Venezia deduce una prova palmare della giusta asserzione. Quel popolo attuoso e signore dell'Oriente aveva riportato di là, colla gloria delle sue navi trionfatrici, gli splendori, la magnificenza di quegli orizzonti: onde non è meraviglia che i suoi molteplici artisti trasfondessero nelle opere i caldi colori, l'allegria, la festa e l'opulenza delle terre conquistate. E in questo pure si rivela la chiaroveggenza e il giudizio disinvolto della scrittrice; raffermato anche meglio dai paralleli tra scuola e scuola, dalle prevalenze regionali, e dalle assimilazioni corrispondenti all'indole dei popoli, tra i quali l'arte stabiliva mano mano le sue tende incivilitrici.

Scrivere dell'arte prescindendo dai sentimenti e pensieri dei popoli tra cui sorge e si svolge, sarebbe dimezzarne o contraffarne la storia; e l'artista giudiziosa, ferma a questo canone fondamentale, studia le opere per iscoprirvi le tendenze ed aspirazioni locali, ed averne insieme la chiave delle manifestazioni artistiche e la scienza psicologica e topografica delle contrade ove l'arte ha saputo adagiarsi.

Non si possono rendere nemmeno con approssimata immagine le pagine ammirabili ove si parla di Roma. La chiarissima scrittrice ha condensato in troppo breve spazio, con gagliarde pennellate, l'immenso volume storico di quella universale Metropoli. Tutto è detto in queste eloquenti parole: "Ivi ebbero convegno tutte le grandezze, tutte le arti, tutti i genii di due civiltà „.

Ma come centro originale e culla ammirata di artefici, Roma non fu mai patria d'un artista grande cui potesse chiamare veramente suo. Lo accenna rapida pei due secoli, tanto distanti tra loro, e che, per lo splendore delle opere di mano e d'ingegno, furono detti i secoli d'oro dell'arte italiana e latina. Del singolare fenomeno indaga largamente le cagioni molteplici, e le raccoglie in una sintesi così luminosa e forte, da fare intendere a tutti l'altezza e la sicurezza della sua visione intellettuale.

La storia dell'arte è seguita con sagaci illustrazioni delle opere e del valore dei due eminenti pittori Pier della Francesca e Luca Signorelli, i quali, per reciproche relazioni di magistero e di alunnato, e sopratutto per esuberante potenzialità artistica, possono dirsi a ragione gli austeri precursori del terribile Buonarroti.

L'analisi cui la insigne Perugina assoggetta la maniera pittorica del Signorelli, e la critica coscienziosamente severa onde riprova il rigido verismo di lui, così difforme e lontano dalla spiritualità e riposata quiete della scuola umbra, ci palesano il sentimento squisito e l'acume profondo, onde la scrittrice si insinua nei segreti penetrali dell'arte, per isvelarne le ragioni, appuntarne senza ritegno le incongruenze, ancorchè germinate da artefice sommo; o trarre in più chiara luce i pregi, ov'essi erompono spontanei ed armonici coll'eterne, immutabili leggi del bello. È così che si compie il nobile ministero dai coscienziosi illustratori dell'arte, lasciando ai ringhiosi il gratuito risentirsi delle difese dignitose e leali recate, senza paura e senza preconcetti, all'arte bella. Così essi vengono sincerati d'aver reso alla verità l'omaggio dovutole, e sollevato un segnale radioso, affinchè altri possa accostarsi a lei senza intoppi o smarrimenti.

Ma i nèi del Signorelli trovano largo compenso per parte della amorosa concittadina nelle tante bellezze che discopre di lui nell'ammirabile suo *Giudizio finale* in Orvieto; del quale, leggendo la illustrazione fatta in quest'aurea monografia, resta sempre l'incertezza, se il poema si mantenga più elevato nell'opera monumentale o nella pittura letteraria.

Fu accennato poco innanzi quale arcana inesauribile fecondità racchiuda nelle sue viscere il cristianesimo, anche come sorgente di poesia e di arte. Qui la Brunamonti ci viene ricordando come lo spirito religioso del medio evo, per l'opera armonica di due amabili contemplanti umbri, si sdoppiasse in due diverse e quasi contradicenti forme: l'una rigida, difficile, conducente all'annichilamento de' sensi e della volontà, alla perfetta letizia collocata nell'abbiezione, nella infermità, nella morte; l'altra flessibile e dolce nella giocondità del lavoro e della contemplazione, e nell'affetto comprensivo delle cose belle naturali. Ond'ebbe l'Umbria due poeti d'amore, due trovatori di Cristo, S. Francesco e Jacopone da Todi; le cui rappresentazioni furono come il germoglio silvestre, dal quale spuntò quel carattere dell'arte umbra, che la distingue dall'arte degli altri paesi; quel naturalismo purissimo, che col popolare fervore salì sugli altari nei dipinti di Niccolò, di Fiorenzo, di Pietro, del Pinturicchio, dello Spagna.

E Assisi, palestra insigne di artefici nel giro di quattro secoli; e Orvieto col suo Duomo, decorato di una facciata che tiene anch'oggi il primato nel mondo; e Gubbio col Palazzo dei Consoli, costruito sopra volte degne dell'audacia romana, e presso a Foligno il vaghissimo chiostro di Sansovino; e in Perugia il Palazzo del popolo, e la Fonte maestosa, e il tempietto di S. Bernardino, segnano un'ascensione sublime di arte, un incedere dignitoso di civiltà, che richiama e chiamerà per lunga vicenda di secoli gli sguardi ammirati del mondo su questa privilegiata regione, eccitando le menti degli Umbri ad alte e gentili inspirazioni, e gli animi ad imprese generose e benefiche. Poichè l'arte sola possiede il linguaggio accessibile anche alle menti più tarde, e il segreto di commuovere i cuori refrattari ad ogni rudimentale cultura.

La natura, scrisse Aristotele, mai difettiva cogli esseri dei mezzi indispensabili alla ordinata funzione della vita organica e intellettiva, ha fornito sapientemente all'uomo gli occhi ed il cuore:

quelli per rimirare le bellezze molteplici che essa coll'arte, sua
figlia amorosa, gli vanno prodigando di continuo con sempre nuove
parvenze e risorse; questo per accoglierne e serbarne gioconda-
mente in sè tutto il fascino ineffabile e l'entusiasmo.

" Poca favilla gran fiamma seconda „,

ha detto il massimo poeta ed artista d'Italia: e l'apparire della
bellezza pittorica, indugiato alquanto nell'opera di artisti perugini,
si annunziava alla moltitudine con la vaghezza dei codici religiosi,
preparati dall'anime e dalle mani di miti contemplatori. Non erano
le immagini trionfanti delle madonne che si facevano, come a Firenze, amabili ispiratrici delle arti belle e delle preclare virtù
cittadine, ma erano fari di luce vivissima che raggiavano dal tempio
a destare ed accendere il genio della pittura civile. Non è questo
il momento di sindacare la genesi di un fatto, che si ripete quasi
costantemente nella storia dell'umano incivilimento; a me basta
di rilevarne la portata, e di mostrare come l'esordire dei grandiosi
acquisti civili ha sempre il suo fondamento in un sistema di vita
spirituale, in un aere sereno e indisturbato, ove l'anima possa raccogliersi e invigorirsi per le feconde e benefiche concezioni intel-
lettuali.

Intanto, qua e là per le varie città dell'Umbria, apparivano
gli albori dell'arte radiosa che presto vi sorgerebbe. Gubbio rice-
vette, o forse donò prima la celeste scintilla, e il Fabrianese Gentile vi ebbe l'ispirazione alle sue incomparabili finezze. Forse anco
la presenza in Foligno di un angelico fiorentino potrebbe svelarci
il comparirvi subitaneo di un'arte adulta e formosa, per opera dei
due valorosi Niccolò di Liberatore e Pier Antonio Mezzastris.

La esimia artista così spiega acutamente il fenomeno: " Io
credo che l'anima degli artisti nasca di per se stessa sinfoniale,
ossia capace di trovare le armonie intime dei propri amori e delle
proprie fantasie colla natura, anche se non addestrata da norme
prestabilite, o da esempi anteriori. Nondimeno una norma o un
maestro le può abbreviare la via e agevolare la scoperta „.

Questo concetto filosofico della venerata scrittrice non è nuovo ;
ma è merito suo l'averlo saputo adattare con tanta finezza di gusto
ed eleganza di parole alla critica e alla genesi artistica della nostra cara regione. Ed è suo grande onore l'affetto caldo che l'accende per essa ogni qualvolta lo studio dei capolavori e l'acuta
osservazione dei loro particolari, le presentano qualche ricordo
dell'Umbria prediletta.

Il Mezzastris potrebbe dirsi il crepuscolo della scuola umbra,
" alla quale conferì col suo operare delicato e diafano quel carattere di casta femminilità, che raggiunse tutta la perfezione del
suo incanto a Perugia con Pietro Vannucci e colla giovinezza del
Sanzio „. Ma l'alba vera di quella scuola celeberrima comparve
in tutta la pompa de' suoi splendori con Fiorenzo di Lorenzo,
pittore fecondo di abilità, di fantasia, di eleganza; lodandolo nelle
sue artistiche doti e nei lavori geniali che restano di lui, gli rivendica con efficace e poetica argomentazione la proprietà di una
opera stupenda, sulla quale la critica troppo sottile ed arcigna non
riesce ancora a veder chiaro. La luce però conveniente a ristabi-
lire con giustizia il merito personale o collettivo di quell'opera
ammirata e controversa, viene dalla generosa illustratrice, sempre
ricca di squisito sentimento muliebre, artistico e patriottico. Uditela: " Checchè se ne pensi, non v'ha dubbio che la nota cortesia
e fratellanza artistica di quei tempi ci permette di veder lampi
di vari ingegni in un'opera sola, e abilità diverse esercitate in
comune „.

È il pensiero espresso dal Vasari nella schietta biografia di
Donatello; del quale lodando la tanto cara semplicità delle abitudini personali, rendeva insieme uno splendido omaggio alle pa-
triarcali costumanze artistiche di quei tempi felici. Così, con affetto
scaldato alla luce serena della verità e invigorito dai sussidi del
raziocinio, l'amabile dicitrice rivendica all'artefice insigne la bene-
merenza dovutagli, e incide nell'albo degli eminenti perugini un
artista di più.

Al Capo IX torna con pensiero amoroso sopra un punto toccato
già e lumeggiato abbastanza nel Capo I di questa densa monografia.

Là era un invito a persona di eletto ingegno a dare all'Umbria la storia dell'arte sua; qui è il lamento pietoso per la patria vedovata con dolore ed onore de' suoi capolavori. L'uno e l'altro testimoni dell'acceso desiderio d'una permanente illustrazione artistica della prima città umbra: invito e lamento che non possono trovare indifferenza neghittosa nei petti gentilmente adusati da secoli a fervida simpatia per chi s'accende di sacri entusiasmi per essa.

Alle opere del Vannucci non è mancato l'appunto di monotono; ma chi lo lanciò non tenne certamente conto delle condizioni personali dell'artista, obbligato, da stringenti necessità e da incalzanti commissioni, al ripetersi frequente. Succede nell'arte quello che in altre appartenenze, di avere quasi in dispregio ciò che in altro tempo avea destato la universale meraviglia: e questo per nuove perfezioni conseguite in virtù di quella legge naturale che è portato necessario dell'umano avanzamento. Ma la taccia di monotonia l'ha vendicata egli stesso nelle opere posteriori di Roma e di Firenze, piene di vigoria, di colorito e di espressioni vitali. E per quanto vi si arrovelli la critica sospiziosa di moderni censori, essi non fanno altro colle loro indiscrete e malfondate denigrazioni che crescere la lode " di chi ebbe il terribile onore d'avere allevato all'arte la gioventù del Sanzio, e d'aver dato talora occasione, con opere meravigliose, a scambiare i suoi lavori con quelli di Raffaello „.

Volete uno specchio dell'anima idillica ed elegiaca di Pietro? cercatelo nell'ammirabile S. Sebastiano di Panicale. Ivi è il dolore che non turba la serenità, il dolore nemico della gioia, non della pace. E pace è nei suoi presepi e nel battesimo; pace nei suoi paesaggi, così veramente nostri, così idealmente belli.

Nè fu tiepido amatore ed ammiratore della natura il Perugino, il quale, ad imitazione di altri artisti valorosi, pose nelle opere sue prospetti vaghi di campagne goduti sui colli del Trasimeno, o da altre alture così serenamente belle e riccamente verdi di questa ammiratissima Umbria. Ma nei suoi paesaggi associò sempre l'azione intelligente e la presenza animata dell'uomo; a dimostrare che le bellezze della natura, per quanto seducenti e gioconde, hanno sempre un' importanza secondaria rispetto alla umana attuosità.

L'illustre autrice di questa splendida monografia perugina, la iniziò con una laconica rivendicazione degli alti meriti dell'arte umbra, misconosciuti o screditati da poderosi critici italiani e stranieri; nel Capo X ne piglia le difese a viso aperto, ragionando espressamente del Pinturicchio e della sua celebratissima e grandiosa opera pittorica nel duomo di Siena. Nessuno è risparmiato in questa rassegna dei denigratori della pittura umbra; e gli argomenti refutativi sono così naturali ed incalzanti che il merito dell'illustre alunno e collega del Vannucci n'è cresciuto del doppio. Nelle dieci storie destinate a eternare in Siena il nome glorioso di Pio II, Enea Silvio Piccolomini, tutto reca un fresco sigillo, non pure umbro, ma perugino.

Seguitando a svolgere la storia pittorica dell'Umbria, impersonata nel suo gran maestro, e toccato appena del divino Urbinate, il discepolo più glorioso di Pietro, la dotta scrittrice ricorda lo Spagna, per la cui lode quasi si sgomenta a cercare gli aggettivi più freschi, significanti grazia, verecondia e passione, dopo aver celebrate le pitture del Perugino. Tale sgomento della Brunamonti innanzi alle difficoltà di elogiare convenientemente un artista, ch'è tra i più grandi di quella scuola feconda, mette sul labbro questa naturalissima domanda: Com'è che a tanti critici d'arte, italiani e d'altrove, non venne fatto di scorgere i pregi altissimi delle opere di questi valorosi figli dell'Umbria? Come potè essere da taluno di essi messo in dubbio perfino il fatto di una scuola propria di questa regione?

Forse i severi aristarchi avean le pupille troppo abbarbagliate dagli splendori divini del Sanzio, da non vedere i raggi più miti, ma non meno belli e giocondi dei precursori o concorrenti di lui; o sorpresi dalla rara gioia emergente dalle opere di alcuni, non vollero riconoscerla come carattere eccezionale della pittura umbra, sempre malinconicamente serena. Comunque vada la cosa, non può negarsi l'eccesso a cui si sono abbandonati quei solenni scrittori, i quali colla loro severità hanno confermato l'adagio popolare, che i granchi più grossi non capitano mai nelle reti piccine.

Ma l'arte umbra tramontava, non ostante i conati lodevoli di tanti alunni del Perugino a trattenerla nella sua orbita luminosa. Peraltro, il fatto stesso del suo tramontare era conferma apodittica della preesistenza reale di quella scuola: poichè nessun astro può occultarsi all'occaso prima di avere iniziato la sua corsa all'oriente. Nè quello fu tramonto esclusivo dell'arte umbra, ma universale e funesto per l'arte italiana, sulla quale incombevano precocemente i giorni funebri del seicento.

Fermandosi a questo gran fatto, la Brunamonti conchiude con una perorazione che è tra le pagine più belle del suo lavoro. Per valutarne l'importanza e gustarne la squisita bellezza, converrebbe riferire per intero il classico Capo XII; lo che sfugge al cómpito mio, limitato a dare una pallida idea dell'alto valore di questi *Discorsi d'Arte*, e più ancora al desiderio d'invogliare molti altri a meditarli col vivace sentimento di cui gli ha fecondati la geniale autrice. Possano i valorosi artisti che onorano anch'oggi questa illustre provincia, trarre da essi potenti ispirazioni " a rimettere l'Umbria, con modesta ma coraggiosa dignità, nella storia artistica della nazione „.

II.

RAFFAELLO SANZIO
OSSIA DELL'ARTE PERFETTA.

Da talune singolari analogie cronologiche ed artistiche, onde figurano nella storia il Petrarca ed il Sanzio, e più ancora dalla consonanza d'indole e d'ingegno che li rassomigliava personalmente, la illustre Brunamonti entra a parlare del sommo Urbinate e dell'arte che toccò per lui i supremi fastigi della bellezza. Tale parallelo è così equo e sincero, da cattivarle le lodi di quanti amano vedere nella debita luce le sante ragioni della verità e della giustizia.

Quei due fortissimi ingegni si piegarono all'amore delle donne, da essi immortalate nei canti e nei colori, meno forse per le seduzioni di forme corporee in esse rilucenti, che pel fascino ineffabile della bellezza ideale leggermente incarnata in quelle due fragili creature. Oggi che la volgarità de' sensi penetra facilmente nel verecondo santuario dell'arte, non reca piccolo conforto questo nobile linguaggio di una coltissima e veneranda Signora, nella quale il sentimento artistico risponde mirabilmente alla elettissima intelligenza, e procede animoso accanto alle virtù luminose che la rendono anche più amabile ed ammirata.

Perfino nei difetti si rassomigliarono que' due spiriti magni: l'uno col credere non acconcia a una grande opera d'arte la lingua cresciuta e invigorita sul labbro creatore dell'Alighieri; l'altro col non avere amore che per le grandezze dell'arte greca e romana, dissepolte, coll'avidità febbrile del suo tempo, dalla Roma sotterranea. Ma io opino che quei difetti subiettivi non furono senza grandi benefizi ed incrementi delle lettere e delle arti. All'amore del Petrarca per la lingua di Cicerone e di Virgilio, maestosa ed eloquente, si deve la ricerca e la conservazione di quei molteplici e preziosissimi codici antichi, che sono la gloria più bella della letteratura italiana, e che diffusi nelle nostre Biblioteche e raccolti specialmente, come in santuario, nella Laurenziana di Firenze, attirano anch'oggi le invidie onorifiche dei dotti ed amorosi stranieri. Alla passione di Raffaello per lo studio dei ruderi e dei vetusti avanzi monumentali, dobbiamo quella gioconda conservazione di bellezze antiche e moderne, che rende anche più venerande ed estasiose le opere di quel sommo; intanto che tramanda ai secoli lontani i ricordi sinceri e più eloquenti di civiltà· remotissima scomparsa per sempre.

Al genio sublime del Sanzio non era possibile tenersi appartato, in " un secolo baldanzoso di beate spensieratezze e di munificenze, di corti splendide, di coltissime donne, di letterati e di artisti „, che facevano ripullulare le latine eleganze, come le statue, i colonnati, le terme risorgevano presso il Tevere; e pure da tanto fasto nulla aspirò che non fosse alimento vitale per quell'amore del bello che gli ardeva intensamente nel petto, e che gli rendeva insensibile il frastuono delle pompe cortigiane, non meno che il cupo rombo che minacciava quella generazione infiacchita e sensuale.

Serbò insomma, sebbene diversamente dall'Alighieri e dal Buonarroti, quella contegnosa dignità personale, onde gli uomini superiori si rendono venerabili ed anche temuti alle generazioni tra cui vivono, ed alle quali fanno meglio sentire l'autorità della mente altissima, procacciando all'arte, in essi impersonata, una riverenza, che forse s'aspetterebbe invano da altre consuetudini, o da diverse inclinazioni.

Avendo il genio per arcana virtualità e propria caratteristica la divinazione, non segue, nello svolgersi de' suoi altissimi obbietti, sentieri comuni e determinati: tuttavia nella profonda disparità delle opere, si scorge sempre l'unità, che è sintesi d'armonia e di rassomiglianza. La maestosa severità delle moli è il vincolo che affratella in Firenze S. Maria del Fiore, il Palazzo della Signoria e la Torre d'Or S. Michele, edifizi meravigliosi di artefici diversi; e pure la varia loro architettura ci dice subito l'indole e l'ufficio dissimile di quei colossi, destinati a manifestare le alte idee religiose e civili di un popolo amante di veder consegnate in opere grandiose le orme della sua magnanimità.

È per questa analogia, scrive la insigne criticista, che nel comune linguaggio sogliamo dire soavità di pittura raffaellesca la vereconda avvenenza e fisonomia delle donne illustrate nella *Divina Commedia;* e poema dantesco le creazioni più solenni del Sanzio; o scolpite come da Michelangelo le vigorose figure, così affini nelle tre cantiche al David e al Mosè.

Altra virtù singolare del genio è il non posare giammai e d'aspirar sempre a nuove altezze nel concetto dei più grandiosi disegni. Così il Buonarroti già vecchio ideò la eccelsa cupola del primo tempio cristiano; e dai ruderi vetusti, dai fôri cadenti e dalle rovine muscose, vagheggiò il Sanzio una Roma rinascente, mentre col Bramante cresceva le magnificenze del novello S. Pietro.

Al Capo IV della monografia Raffaelliana la Brunamonti introduce il Sanzio in Perugia giovanetto ed orfano, coll'anima piena della casta bellezza materna e degli splendori della Corte urbinate. Con siffatte preparazioni, non è difficile immaginarsi quale entusiasmo dovette provare allo spettacolo di questi blandi orizzonti, di questi riposati paesaggi, di queste vaghe e quasi infinite lontananze.

Che l'Umbria fosse la regione meglio propizia agl'incanti della dolcezza ed amabilità di Francesco d'Assisi, oggi nessuno potrebbe dubitare, dopo tanto studio di quella eterea figura e della sua soavissima epopea; ma quanto possano nelle appartenenze dell'arte queste felici conformazioni regionali, per gli aiuti ed eccitamenti che porgono al genio, è facile desumerlo dalle opere onde il Vannucci ed il Sanzio arricchirono più ancora questa privilegiata provincia. S'aggiungano a questi benefici influssi la squisita sensibilità e l'acume dell'intelletto a percepire ed accogliere senza esitanze le bellezze meno comunemente parventi della natura, ed avremo il lavorio ideale tutto proprio di certe anime, alle quali i portenti della creazione ministrano come il pascolo spirituale diuturno.

È un fatto, scrive la erudita Perugina " che il Vannucci, tornato alla pace dell'Umbria nativa, le bellissime forme, tanto lodate altrove, si diè a riprodurre con finezza costante di esecuzione, con dolcezza uguale di sentimento, ma senz'assidue ricerche inventive e senza diligenti varietà di colorito, di atteggiamenti e di sembianze „.

Dato che questi fossero difetti pel maestro, non furono inciampi pel discepolo giovinetto, ch'ebbe dall'indole personale e dalla dolcezza e serenità del pensiero, la virtù di superarlo con maniere più libere e disinvolte, e con risorse più aggraziate e geniali. Fu anzi gran ventura pel Sanzio avere avuto a maestro il Perugino: " la maggior potenza del Vinci e del Buonarroti avrebbe forse rapito troppo l'ammirazione di lui, e gli avrebbe forse impedito di cercare in se stesso quella virtù libera e attiva, onde si costituì da sè principe della bellezza in un secolo che il bello indiava „.

Dotato da natura di squisita virtù assimilatrice, s'appropriò ogni dono di venustà ovunque potè scoprirlo, adattandolo con grazia, che non s'insegna nè s'impara, alle forme sublimi delle sue concezioni.

Nel Capo V l'oratrice tocca del modo per cui il Sanzio potè educarsi all'arte. Ove, illustrando un pensiero dell'Alighieri circa la perfezione ideale delle creature, chiarisce, con ragionamento filosofico, il perchè la natura stessa riesca così di rado ad esprimere nelle opere sue il bello perfetto. I pensieri alti ed originali confermano solennemente il senso artistico della valorosa scrittrice. Ella, accennando alla cognizione della virtuale bellezza delle cose, largita a tutti dalla imparziale natura, ammonisce gli artisti " che non sono essi soli capaci a giudicare e fruire dell'arte; la quale se intende alla bellezza come a suo fine essenziale e immediato, aspira eziandio ad altro fine meno esclusivo e più universale, come quello di educare a gentilezza e dignità gli animi umani, elevandoli a conoscere le potenze creative di natura, e a riconoscere le potenze imitative dell'uomo, per via di mentale confronto. Ogni giudizio, di persona esperta o indotta non monta, con cui si affermi o si neghi la convenienza estetica d'un'opera d'arte, implica il paragone segreto, inconsapevole o deliberato, tra l'oggetto che si riguarda ed una certa idea che ne balena improvvisamente al pensiero. Questa idea, quantunque più fioca e iniziale nelle menti povere e mal preparate, tanto più appare lucida, ampia e sicura nelle ben disposte e gagliarde; è la intuizione del giudice, e l'ispirazione del genio „.

Si direbbe compendiato qui un diffuso trattato di estetica, e ridotto a poche pagine un ampio volume di filosofia dell'arte. Le cose belle e geniali condensate nelle pagine 70 a 73, potrebbero darne una dimostrazione palmare, se le stringate citazioni non guastassero la bellezza ed efficacia dei concetti quivi raccolti come in piccolo cerchio d'oro.

Il genio, potenza intuitiva dominatrice di tutto e di tutti, non è mancipio nè di sistemi, nè di tempi, nè d'uomini; nondimeno, come elemento subiettivo non recano piccolo aiuto alle sue maravigliose manifestazioni, le opere dei sommi, fioriti in tempi anteriori.

All'Alighieri non conferirono tenue splendore i grandi ingegni dell'antichità, massime quel Virgilio da cui tolse lo bello stile che lo fa tanto onorato nel mondo. Così all'Urbinate il Masaccio additava nuovi metodi di colorire, e Fra Bartolomeo lo addestrava a più accurati studi sul vero e alla disinvolta e sicura grandiosità del panneggio. Ma più che d'altri il Sanzio s'invaghì di Leonardo, il profondo conoscitore della natura; l'uomo a cui nulla fu ignoto di quanto nelle scienze, nelle lettere e nelle arti si era conquistato fino a lui, e che ebbe poi da lui una incredibile perfezione.

Parve al Buonarroti che il Sanzio gli dovesse tutto, e questi si gloriò d'essere appartenuto al secolo del terribile dipintore della Sistina, al quale si accostò molto nell'ardimentoso concepire e nel maschio delineare, senza mai superarlo. Ma lo vinse nel raffigurare la bellezza con la più fina eccellenza; chè essa non ha un'unica forma di perfezione, nè un unico aspetto da cui voglia esser goduta.

Il Sanzio e il Buonarroti, scrisse il dotto Marchese, rappresentano le due grandi potenze, che si contendono l'impero del mondo: la forza e la bellezza. Della forza è proprio il comando autorevole, l'impero sugli inferiori, il trionfo nei contrasti, l'ostentazione della propria superiorità. Essa perciò mira al nuovo, al grande, al meraviglioso, al terribile; non patisce superiori, sdegna o combatte gli eguali e tanto si piace della propria eccellenza, che per poco non adora se stessa.

La bellezza invece, assai più modesta e più cara, ma con un senso possente della sua rivale, regna sopra un popolo infinitamente più grande, che si reputa felice della sua servitù. Essa non combatte i superiori, non osteggia gli uguali, non disprezza i da meno; ma col solo mostrarsi guadagna i cuori più ritrosi, che le si arrendono innamorati.

Urbino, più di Roma e di Firenze, aiutò il Sanzio nella feconda varietà delle sue opere. Quella Corte ducale, quelle pompe principesche, quegli esempi luminosi di cavalieri e di dame, quella accolta di dotti e di eruditi, disputanti con intelligenti e chiarissime principesse delle alte dottrine platoniche dell'amore, dell'arte e della bellezza, prepararono nella mente taciturna e pensatrice del Sanzio le meraviglie della *Scuola d'Atene*.

La novità limpidissima e propria, e l'idealità ed elezione di forme, nota la scrittrice, fu in Raffaello effetto della considerazione attenta e diretta della bellezza, quale appare schiettamente nella universale natura. Forse fu tutta in questo contemplare, la fatica dell'Urbinate nell'assimilarsi ogni bello che originalmente si offerisse alla sua vivace apprensiva.

I tanti lavori compiuti, la perfezione onde li condusse senza esitazione ed indugi, ci parlano della sincerità luminosa e potente delle concezioni di lui.

" In picciol giro d'anni — scrive l'erudito P. Marchese — egli dipinse più che non gli artisti vissuti fino alla più tarda vecchiezza, e lasciò dopo di sè una scuola, di tutte la più numerosa e la più degna „.

Esaminando la Brunamonti la insuperabile *Trasfigurazione*, ne fa scaturire col linguaggio perspicuo quegli incanti di bellezza, che strappano l'ammirazione fino a coloro, che non videro mai nemmeno in copia quel miracolo di pittura divina. Le relazioni tra le parti opposte del quadro; le contrazioni del giovanetto ossesso; gli atteggiamenti dei discepoli; le pose e le movenze dei vari soggetti del dipinto, sebbene appaiano desunti dalla schietta e sicura realtà, palesano negli affetti, nei contrasti, nella eloquenza delle varie espressioni, e nella sapiente unità del soggetto, un vero più scelto, più nobile, più intero; che fattosi pensiero e sentimento di bellezza, si fissa e si colora nella tela, come il raggio solare nella terrestre atmosfera.

La predilezione che ebbe il Sanzio per la sacra famiglia, e i tanti modi onde ne lumeggiò variamente il concetto, fanno escogitare alla acuta illustratrice sode ragioni di questa feconda ripetizione; ove risulta l'intimo valore dell'artista e le ricche e sempre nuove risorse che gli porgono certi soggetti in una vena inesauribile di ispirazione. Verissima e fondata nel fatto la sentenza, che " la bellezza esemplare non ci si mostra con tanto facile e universale liberalità, come si veggono persone o paesi immoti dinanzi a cristallo che li specchi. Occorre osservazione acuta, discernimento sagace, meditazione paziente, e semplicità d'animo inchinevole a ricevere, più che frettoloso a operare, per esser certi d'interpretare con fedeltà viva e potente il bello vero nell'arte „.

La rapida decadenza notata dall'oratrice nella scuola del Sanzio, è da essa attribuita all'oblio od affievolimento di queste norme direttive. E con ragione, se il baldo, ingegnoso e molteplice stuolo degli alunni, paghi del sicuro disegnare e del franco colorire, appresi dal sovrano maestro, non ebbe sempre come lui innanzi agli occhi della mente l'antico, perenne esemplare, donde ei traeva ispirazioni e idee sempre fresche, lucenti di bellezza sovrumana. Nè fu solo la negletta contemplazione della natura, nè il dismesso studio amoroso e paziente delle bellezze ideali, disseminate profusamente nell'immenso mare dell'essere; ma fu anche la letteratura erudita non dotta, imitatrice non ispirata, che dava il crollo al grandioso edifizio collo sgagliardito sentimento della verità, e colla inanità di pomposi ornamenti e di ricercati artifizi.

Era la conferma delle reciproche ed intime relazioni che uniscono le lettere alle arti belle, e della comunanza di vita onde si alimentano e sostengono nelle varie loro affinità e vicende.

Di questo doloroso ed umiliante decadimento l'Italia sta oggi traversando un nuovo periodo, coll'abbandono dello studio amoroso

13

e pertinace di ciò che esibisce alla mente purezza, rettitudine e sincerità d'ispirazioni ; e più ancora colla trascuranza delle buone lettere, avute da molti in conto di noiose e pedanti, o fatte argomento di ritardo pei retributivi commerci.

Nell'ultimo Capo di questa magistrale conferenza, la Brunamonti segue gli esodi successivi dell'arte nelle varie regioni di Italia, non senza un cenno dei suoi traviamenti e dei rari artefici che tra quelli si serbarono incontaminati. Sono poche, ma venerande figure colmatrici delle desolanti lacune, generatesi dopo la scomparsa di quella pleiade d'artisti fioriti innanzi e insieme con Raffaello. Sono pensieri consolatori, riflessioni filosofiche, e norme precettive, morali od artistiche, colle quali la virtuosa disserente rischiara i sentieri dell'arte per nuovi orientamenti, sgombrandone tutto ciò che ai nuovi trionfi possa recare ostacolo o sviamento nell'ordine ideale ed etico.

Imperocchè, offuscata nella mente la limpida idealità di natura, l'arte non può a meno di decadere e di corrompersi. Essa ha comuni colla morale le leggi supreme del vero e del bene ; violate le quali, è inaridita la fonte del bello che da essi procede e vi si fonde in indivisibile sostanziale unità.

Ai volgari riproduttori ; agli illusi convenzionalisti ; ai protervi spregiatori ed inconsulti riformisti e ai timidi d'ogni inusata arditezza, che vietano all'arte libertà di mezzi e d'ispirazione, la donna sapiente indirizza come ultimo avviso questa aurea sentenza; la quale dovrebbe incidersi non sulla porta di tutte le scuole ed accademie, ma nel cuore di tutti gli artisti : " L'arte, per propria indole, non ha mai posa: nella immobilità si corrompe e si dissolve. Essa è come l'acqua delle vergini polle montane: avviate a corsi liberi, larghi e tranquilli, rispecchiano nella loro trasparente purezza, a mano a mano che gli incontrano, gli aspetti vari de' circostanti paesi ; ma se ristagnano in paludi, si disfanno in nebbie e in torbido limo „.

III.

GIACOMO ZANELLA
E L'OPERA SUA POETICA.

Nonostante le lodi dette di questo illustre Italiano a Firenze e a Vicenza dai più eleganti prosatori moderni, la insigne Perurigna volle crescergli gloria, discorrendo di lui come poeta, secondo le impressioni avutene dalla conversazione, dalla corrispondenza e dai libri. In ciò ella continuava il ciclo delle stupende illustrazioni artistiche, per le quali ha così bene predisposto l'animo e l'ingegno, e di cui l'opera del poeta vicentino le porgeva così ampia e geniale occasione.

La resistenza che oppose all'onda di bellezze fluenti dal canto alato dello Zanella, così nuovo per sapienza civile, e discorrente con insolita disinvoltura nel campo scientifico, come fosse possesso naturale dell'arte, ci sincera del fascino prepotente esercitato sull'animo della Brunamonti dalla *Conchiglia fossile*, dalla *Natura e Scienza*, dal *Lavoro*, dall'*Istmo di Suez* e dall'*Astichello*.

Non erano quindi illusioni, come credette da prima, la forza, la venustà, la melodia e la parsimonia dell'arte di lui; nè cagione d'un felice equivoco, che guadagnasse all'artista l'affetto e la stima, dovuta al galantuomo e al valentuomo.

Il concetto che la valente letterata si formò della poesia Zanelliana, è riferito da lei con pura sincerità e grazia di artista nel Capo II, ove l'onda di quelle rime è descritta come impregnata dall'aure profumate dei remoti e diversi paesi, pei quali si diffuse prima di giungere a noi e pigliar nuove forme e ringiovanirsi di vigore italo-latino, con veste e andatura propria dell'indole patria.

E poi che l'ebbe ben conosciuto, ella si domandò: Come potè formarsi quella nuova natura di poeta? Cela egli forse un segreto?

Pur troppo: quello dell'uomo semplice che nulla stima contrario a sè. Il garzoncello di Chiampo seguiva ne' suoi trastulli puerili le tendenze e le abitudini dei suoi coetanei villerecci: ma in mezzo agli svaghi, quant'attenzione, quanta sollecitudine e amore per gl'incanti ineffabili della natura! Al soave, seducente magistero di lei, piegava docile la mente ed il cuore, e vi scolpiva profonde le impressioni che essa arcanamente gli confidava, tesoreggiandole per l'arte.

È la scuola a cui si sono educati sempre i grandi poeti: lo disse Goethe di sè; l'Hugo ce ne ha lasciati parlanti testimoni nelle sue maravigliose descrizioni; e Dante, colla dovizia delle similitudini prese dalla vivente natura, ha dato al poema l'incanto d'una verità così fresca e vigorosa, che l'ala di sette secoli non ha ancora sfiorato.

Con poche pennellate magistrali la gentildonna ci raffigura lo Zanella nel Seminario vicentino, invaghito delle bellezze dell'arte greca e latina, intento a formarsi colle accurate e diūturne traduzioni il bello stile, che doveva poi serbare e render perfetto nell'eleganti e ammirate sue poesie.

Degli esercizi laboriosi dell'alunno vicentino sui lavori dei classici, ella ci dà un'idea mostrandocelo incontentabile ricercatore di una forma, rispondente alla grazia ed eloquenza di quelli.

Ma rifuggì dal coltivare l'arte per l'arte, e tese il forte intelletto a procurarsi quella più larga e libera educazione, che l'uomo dà a se stesso nella maturità del senno; donde ha poi indipendenza intellettuale, giudizio sicuro e corretto, ed armi bene affilate nell'agone della vita.

E venne armato ma tardi, dice la egregia scrittrice. Ma non è tardi mai per chi raggiunge la mèta desiata e vi coglie una palma gloriosa. Forse lo indugiarono le ammirazioni per le bellezze dei poeti stranieri, credute difficilmente adattabili al nostro genio. Il ritardo però dei canti Zanelliani deve senza dubbio cercarsi nella severità con se stesso; nella pazienza delle lunghe correzioni; e principalmente in quell'anima schiva di cittadino e di sacerdote, cui la pubblicità facea gran paura. Monito severo ai molti frettolosi e vanitosi scrittori d'oggi, i quali arrivando affannati alla mèta agognata, non possono dire come lo Zanella d'averla raggiunta.

Nel Capo VI la chiarissima conferenzista analizza con gentile serenità la ispirazione poetica personale dello Zanella, comparandola alla impetuosa e gelidamente cruda del Recanatese, per quanto bella ed innamoratrice, come poteva uscire dall'anima sconsolata e cupa di quell'ingegno sovrano, il quale, con un supremo e vittorioso sforzo, cantò nelle più alte idealità artistiche, coronando di luce universale il fiore melanconico dell'anima sua!

La ispirazione del Vicentino scende da un sentimento tranquillo ed efficacemente contenuto, ingenito in lui per " la inclinazione alle buone speranze ; per la compiacenza di vedere il suo tempo rinnovare in bene molte cose ; e per la fede salda nel progresso indefinito di questa umanità, pellegrina dei secoli, benchè ritardato da varia vicenda di smarrimenti e di ritorni „.

Siffatta analisi porge alla Brunamonti il destro di porre in vista con calma imparzialità, le deviazioni cui trascorre talvolta il poeta, per intimo fervore di fantasia ; derivandone una conferma novella della diversità di forme tra lui e il Leopardi. Ma nota ad un tempo la sicurezza e indipendenza dello Zanella nel condurre con mano ferma e padronanza di mente la maggior parte de'suoi lavori, ammirati per plasticità fantastica, e per prònta, elegante ed arguta disinvoltura.

Eseguito il parallelo col disperante e scettico Recanatese ; parallelo non di forme soltanto, sì bene di sostanziali argomenti, forniti in copia al Vicentino dalla fervida operosità, ravvisata in ogni appartenenza della vita civile : ricorda quanto la storia, le industrie, le costumanze paesane, e perfino le oneste pompe del lusso muliebre, agitassero l'ala del suo fidente intelletto.

Nei quali soggetti, come in altri capaci di esercitare le nozioni economiche di lui, la dignitosa oratrice rileva la maschia e pietosa poesia cui solea sollevarsi ; indizio dei suoi nobili sentimenti, dei fervidi amori di religione e di patria che gli empivano il petto ; ed occasione di quel vivace colorito ed armonico ritmo poetico, rispondente in tutto all'indole di veneto cantore.

Nella visita che lo Zanella fece nel '76 alla insigne Donna, questa ebbe agio di studiarlo anche personalmente; e ce ne dà un bozzetto morale che non potrebb'essere nè più amabile, nè più sincero.

Vi è l'uomo, il poeta, l'artista in tutta la interezza della geniale personalità. " Gli domandai, se avrebbe gradito vedere la nostra pinacoteca. — Volentieri, rispose, se il tempo non fosse breve, e se i capolavori della scuola umbra non potessi ammirare anche in altre grandi città. Fatemi vedere piuttosto le bellezze del vostro orizzonte: nè Roma, nè Firenze potranno darmi le linee e i colori dei vostri paesaggi „. E in quelle ammirazioni, nell'entusiasmo dell'animo di lui innanzi allo spettacolo di questi panorami celeberrimi, svelava il magistero al quale s'era educato: e nei riscontri virgiliani che vennegli fatto di scorgervi, disse apertamente l'affetto che lo legava a quell'insuperato pittore delle bellezze naturali.

> " Tu se' lo mio maestro e'l mio autore:
> Tu se' solo colui, da cui io tolsi
> Lo bello stile, che m'ha fatto onore „

aveva scritto Dante del mantovano poeta; e Giacomo Zanella ripeteva quasi dopo sei secoli quei versi immortàli sulle colline incantate di questa incomparabile Perugia.

Quando nel '79 la nobile artista rendeva al gentile poeta della scienza la visita nella sua patria, scoprì nelle profuse bellezze Palladiane, la fonte delle ispirazioni e i motivi delle odi e dei canti dell'illustre Vicentino. La scoperta non aveva nulla di strano; poichè le arti si consertono intimamente nel legame comune della bellezza, la quale diventa poesia nella gioconda eleganza delle linee architettoniche, e nella perfetta e soave armonia delle parti, onde si riducono all'unità.

A Vicenza, ella ebbe agio di fare col chiarissimo poeta importanti osservazioni sugli accorgimenti dell'arte, per inferirne la singolare tenuità delle cose, dalle quali talora esce fuori il bello come per incanto.

Osservazioni e rilievi che mirano più alle care illusioni prodotte nell'animo che agli effetti seducenti ricevuti dall'occhio. La
scena svoltasi quasi tre secoli addietro sul colle di Arcetri, e che
ispirò allo Zanella la cantica *Milton e Galileo*, è una sincera e
palmare applicazione del principio estetico discoperto nella contemplazione di un quadro. Il sommo filosofo toscano e il celebre
cantore del *Paradiso perduto*, dopo lungo ragionare si trovano a
sera e cedono alle lusinghe dell'ora e del silenzio. Ecco il fondo
che lentamente si appanna. Ma dall'ombra in cui restano le due
grandi persone, si distacca biancheggiante nella luna la cenobitica
figura della Celeste (la figlia di Galileo), in atto di recar fiori
all'inglese poeta e il meraviglioso cannocchiale, onde scesero i cieli
la prima volta allo sguardo scrutatore degli uomini. Per quanto
l'episodio non risponda esattamente alla verità storica, come afferma anche Cesare Guasti, non si può a meno di ammirarne la bellezza; e concedendo al poeta di spaziare liberamente coll'alata
fantasia nel campo interminabile della scienza, plaudiamo alla elegante scrittrice quando, dalla osservazione di cose materiali e quasi
da nulla, ci trasporta con tanta genialità alla contemplazione e
al godimento di ineffabili bellezze ideali.

Nel Capo X ella discolpa lo Zanella dalla taccia di pauroso
dei responsi della scienza. L'argomento che vi adopra ha una
forza invincibile, poichè è attinto dal fatto del Leopardi, primo
ed acerrimo avversario della manchevole scienza. Non erano le
schiette verità scientifiche che impaurivano il loro dignitoso cantore, ma certi scienziati che " abusando dell'induzione contro i li-
miti razionali del metodo sperimentale, si abbandonano leggermente
a negazioni ed affermazioni, che sarebbero dottrinalmente innocue,
se praticamente non intorbidassero, contro la loro intenzione, le
schiette fonti della morale privata e pubblica „.

Il richiamo e il parallelo delle dottrine diverse del Leopardi
porge alla Brunamonti l'occasione di accennare alla diversa arte
dello Zanella, alieno dalla canzone petrarchesca e più ancora da
quella a strofa libera, nelle quali il Recanatese aveva fatto prove
stupende. Il disamore del Vicentino per tal genere di metrica si

palesa da queste sue parole: " La poesia è un magnifico fiume, ricchissimo d'onde. Ora se queste fossero raccolte in angusto canale e cadessero fitte e impetuose sull'anima del lettore, quale movimento non vi desterebbero? „ E dà ragione del suo metro preferito con queste altre parole : " La strofa breve, uniforme, è come dardo scagliato da robusta corda, poichè il pensiero costretto ad adagiarsi in brevi confini, si concentra in sè, recide l'inutile, si empie di vigoria e di vita „.

Per quanto queste ragioni fossero di una eloquenza gagliardissima, la sapiente perugina non le ha lasciate senza un acuto commento; testimone a un tempo e della sua imparzialità e dello squisito e retto giudizio di lei in materie letterarie ed artistiche. Nei quali appunti ripiglia bellamente il parallelo col Leopardi, per dimostrare quanto s'addicesse a lui il canto libero prediletto, e come esprimesse " a meraviglia lo stanco suo andare per la vita, senza scopo, e il suo soffermarsi variabile nei ricordi e nei confronti tra la natura delle cose e la natura dell'anima „.

E il confronto tra i due nobilissimi intelletti si estende anche alla loro troppo disuguale imitabilità, quasi impossibile pel Recanatese, meno assai disagevole pel Vicentino. Stupenda la conclusione di questi confronti. Uditela : " Nasce sempre un nobile canto come l'umana creatura : anima in corpo suo, con bellezza e lineamenti suoi propri, e una sua propria corrente vitale d'affetti e di pensieri. Nè io potrei immaginare una *Conchiglia fossile* di ritmo diverso da quello che le diede il nostro Poeta; nè un *Cinque maggio*, che contenesse, meglio di quelle serrate falangi di strofe piccole e lampeggianti, tutta la rapidissima epopea dei fatti napoleonici „.

Non si leggerà mai senza grande eccitazione la insuperabile strofa manzoniana :

"E ripensò le mobili
Tende, e i percossi valli,
E il lampo dei manipoli,
E l'onda dei cavalli,
E il concitato imperio,
E il celere obbedir „.

Per darci un'idea della semplicità e dolcezza melodica, colla quale lo Zanella condusse l'ultima e più perfetta delle opere sue, la Brunamonti ce lo fotografa sereno e tranquillo tra la pace della sua villetta all'Astichello. La virgiliana quiete scolpita sulla fronte di quella beata dimora, esprime a maraviglia i riposi desiati di lui dopo il frastùono della vita cittadina; e l'attica soavità e naturale eleganza dei componimenti poetici, ispirati e composti tra i silenzi villerecci, come vivo riflesso dei profumi e delle brezze leggere di quel felice recesso. Ma la pittura sincera del mite cantore è resa dalla fine scrittrice tra gli splendori estasiosi del sole nascente, e il verde delle siepi e dell'erbe rilucenti; in mezzo ai fanciulli che si sollazzano sui margini del ruscello; o nel circolo vespertino dei vecchi, seduti la domenica sotto gli olmi a ragionare di tante cose coll'amabile ed arguta sapienza campagnola. E nel campo di questo bel quadro fa che spicchi sempre luminosa e veneranda la persona del poeta, col ricordo de' suoi canti, col richiamo delle più belle canzoni d'Orfeo e d'Aristofane, rese da lui con insuperata maestria in cadenze delicate, d'una lucidità ed efficacia che trovano riscontro solo nel Leopardi e nell'antica poesia.

Della originalità poetica dello Zanella ragiona con molto acume la Brunamonti nel Capo XII, distinguendo tra significato di originale e d'innovatore, e mostrando come questo secondo nome non suoni sempre lode e irreprensibile acquisto d'un bene. Il seicento informi; ma è sempre degno di lode e di fama d'originalità il continuatore e fecondatore d'una nuova bellezza, ancorchè non discoperta o derivata da primissimo germe. Allo Zanella trasmutatore di scienza in fantasma, in dramma, in passione, in melodia appartiene intera la lode di poeta originale. Peraltro, la scienza nei canti è cosa antica. I Greci e i Latini non sono scarsi in argomenti scientifici vestiti di poetiche eleganze. Nè i moderni, specialmente italiani, vi hanno fatto prove ingloriose.

Il merito però d'avere obbligato la scienza a farsi ancella pieghevole dell'arte, e a non porre l'arte a servigio della scienza è tutto del vicentino poeta, primo a conseguire una perfezione incantevole in questa difficilissima appartenenza della lirica. Le acute

14

comparazioni che la dotta signora istituisce tra le sì diverse maniere di arte del Parini, del Foscolo, dell'Aleardi e del Cantore della *Conchiglia fossile*, raffermano la eccellenza e superiorità della palma colta da quest'ultimo in un campo dischiuso soltanto ad ingegni poderosi e versatili.

L'amore dell'arte non della lode, osserva giustamente la eletta scrittrice, protesse lo Zanella dal plauso fallace contemporaneo e gli assicurò gli onori futuri. I quali, non caduchi nè passeggieri come gli entusiasmi del tempo suo, cresceranno col diventare egli un antico: allora, intorno alla statua, erettagli dalla sua Vicenza, si farà più manifesta, sentita ed universale la riverenza e l'ammirazione di chi sa pregiare e venerare le grandi personalità, ricche di nobile ingegno e di più nobili virtù.

IV.

BEATRICE PORTINARI
E L'IDEALITÀ DELLA DONNA NEI CANTI D'AMORE
IN ITALIA.

Tre anni dopo che Firenze aveva aggiunto una nuova gemma al serto radioso dell'arte sua, mercè il compimento della fronte marmorea alla incomparabile Cattedrale di Dante; un'altra festa d'arte e di cortesia s'inaugurava: la festa delle donne italiane, convocate dalle tre marine a offerire opere di mano e d'ingegno, nel nome di Beatrice, simbolo impersonato di quanto il cielo e la terra possono avere di perfetto e di meraviglioso.

L'onore di aprire quella insolita solennità toccò meritamente alla chiarissima Brunamonti; la quale parlò di Beatrice coll'arte di cui è solenne maestra, col cuore acceso di sublime idealità; colla erudizione ed eloquenza, nelle quali non ha così facili competitori.

Il suo discorso elevato e degnissimo della paradisiaca creatura e della insigne città che le fu cuna, non si contenne soltanto a idoleggiarla nel tempo che fu suo, ma si allargò a distinguerla dalle altre idealità femminee, che la precedettero e la seguirono nei canti d'amore.

Una rapida corsa attraverso queste pagine d'oro ci darà almeno una pallida idea del nobile soggetto e del grande valore intellettivo della insigne conferenzista.

Il tema geniale porge occasione alla nostra scrittrice di dare una corsa nel campo della classica latinità, a rassegnarvi le donne fatte celebri presso i Romani per domestiche e civili virtù, o immortalate dai canti di insigni poeti, o venerate e temute per uffici superstiziosi, ai quali, senza virtù meritoria, erano deputate.

E intanto con ammirabile erudizione ed acume sopraffine, disvela il nessun amore per quelle donne, l'avvilimento della poesia in dar lodi a licenziose cortigiane; la crudeltà delle Vestali, che imponevano ai gladiatori del circo il morire con eleganza; e l'amore che senza verecondia si chiedeva alla donna, dando all'arte soltanto quello che era giovanilmente sereno, florido ed opulento.

La divina favella arse nella vita muliebre dopochè la tacita vergine d'Orazio cessò d'ascendere al Campidoglio, e salirono invece dalle Catacombe altre vergini, consapevoli del martirio, del candore, della pietà, del perdono. Venne poi la Germania a recare tra le sue devastazioni ai popoli meriggiani l'elemento nuovo della riverenza alla donna, donde rampollò il dolce, casalingo e dignitoso carattere delle moderne tedesche. E per l'alleanza della fede col valore, cominciarono quelle romanzesche avventure di prodi e di credenti, di crociati e d'amanti, alle quali s'ispirarono le poetiche ed artistiche creazioni da Dante a noi.

Lo studio bellissimo della Brunamonti prosegue elevato e pieno d'importanza nella ricerca delle fonti e della genesi dei canti d'amore in Italia; cui discuopre nella poesia dei trovatori provenzali, che dalle aule baronali e principesche la consegnarono al popolo, signorilmente decorosa, gaia, cesellata, elegante. Nella quale esplorazione la mette in fulgida luce colla moralità che racchiudeva in quei canti amorosi, intesi unicamente a circondare di omaggi riverenti la donna, come l'incenso una dea; tanto era straniero ai sensi il culto che i trovatori le prodigavano.

Dalla Provenza la feconda scintilla s'accese qua e là per la nostra Penisola, e ovunque trovò migliori disposizioni ed alimenti alla fiamma; nè vi fu quasi città o provincia, ove trovatori italiani non modulassero canzoni d'amore, dignitosamente nobili e geniali. Ma il verso corrispondente all'indole ed alla forma italica cominciò a tentarsi nel paesano dialetto della Sicilia, isola ricca e beata, tra le fantastiche vicende e grandezze della corte de' Normanni e degli Svevi, fra la meraviglia dell'arte moresca, e le tradizioni e reminiscenze della eleganza ellenica. Ardimento gentile, nota argutàmente la Brunamonti, perchè meglio si onora la patria e si canta d'amore nell'idioma proprio che nell'altrui.

Era giunto il tempo che il giovane popolo d'Italia, sdegnando la imitazione, e scrutando nella propria coscienza, recasse innanzi qualche novità degna dell'avvenire. E cominciava la poesia d'amore nel volgare toscano. Primi Guittone d'Arezzo e il fiorentino Guinicelli; poi Guido Cavalcanti, Cino da Pistoia e l'altissimo Alighieri davano alla donna in dolce stile nuovo qualità di cielo; e la indeterminata idealità femminea de' trovatori diventò luce intorno alla fronte e all'anima di donna vera.

Delle caste e gioconde impressioni provate dalla nostra artista, quando vide la prima volta in S. Marco di Firenze l'Annunziata e la Vergine bianca dell'Angelico, ella ci fa una descrizione così viva e parlante che è davvero una terza pittura. Ed anche di questa sua può ripetersi quanto ella afferma di quelle: " ciò che dà nell'occhio è il candore; ciò che tocca l'anima è il candore, non altro „.

Dinanzi a quella eterea visione, cercando nel suo pensiero a che potesse paragonare quelle due immagini di tanta idealità, non trovò altra risposta, che alla Beatrice della *Vita nuova*, e alla Beatrice palingenesiaca. Non si dipinsero mai creature più spirituali di quell'Annunziata e di quella Madonna bianca: non si cantò mai donna più spirituale di Beatrice.

Alcuni commentatori, antichi e moderni, indotti dalla stessa idealità della rappresentazione di Beatrice e dal simbolismo a cui fu elevata dal suo Poeta, contrastarono alla tradizione costante intorno a questa angelica donna, facendone una figura allegorica e un idolo meramente fantastico, e spogliandola d'ogni realtà personale. Se alla insigne Dantista perugina fossero mancati argomenti a sfatare l'unilaterale interpretazione, alcuni codici della Laurenziana sovverrebbero a farne decisiva giustizia.

Quali difficoltà possono impedire a un ingegno straordinario come l'Alighieri di assumere da un ente reale quanto vi ha amato e contemplato di bello e di perfetto, per levarlo alle altezze inaccessibili dell'ideale e del divino? " Idealità è splendore, onde si ma-

nifesta all'amante e all'artista ogni cosa bella nella vita della natura
e dello spirito. È accrescimento di bellezza, fantasticamente intuita,
alla bellezza reale. Prorompe come luce e calore nell'accendersi
della passione e del canto „.

Il primo senso con cui Dante apprese la bellezza fu la passione vera. Negare a lui d'aver amato sinceramente e nobilmente
la bella creatura che lodò nei canti, è un diminuire l'Alighieri non
del capo ma del cuore. E questa repugnanza non basta, nota l'illustre donna. V'è una folla di prove minute, costanti, crescenti, nella
Vita nuova, nel *Convito*, nella *Commedia*, nella stessa poetica corrispondenza di Dante con amici e congiunti, come Guido Cavalcanti,
Cino e Forese, che ne assicurano della realtà storica di Beatrice.

Se dovesse comporsi un elenco dei luoghi più belli di questi
Discorsi, mi troverei a disagio nell'assegnare il posto al Capo VIII
e ai tre seguenti di questa splendida conferenza. La vigorosa pensatrice vi ha diffuso con rara bellezza così sapienti consigli, pensieri tanto gagliardi e riflessioni elevate da rapire l'ammirazione
anche ai più gelidi e restii. Sono avvisi preziosi per gli studiosi
di Dante, al quale nessuno dovrebbe accostarsi senza quella indi-
spensabile preparazione. Nel breve accenno alla *Vita nuova* ella
si manifesta profonda conoscitrice di Dante e dei luoghi ove si
svolsero i drammi consegnati nelle opere sue; e attinge da quelli
la luce necessaria a illuminare gli atti e le fasi della vita di lui,
e ad intendere la maniera onde affinò la sua potenza intellettiva
e morale. In quei momenti solenni, dice la Brunamonti, Dante
sdoppia se stesso in uno che piange ed ama, e in un altro che
consiglia e conforta; si fa discepolo d'una soavissima scienza, quella
della bellezza per la virtù; si educa sotto la tacita guida d'una
donna, che lo premia col saluto, lo punisce col negarglielo; che
è nemica di ogni viltà e d'ogni noia; col raggio degli occhi lo
adduce in alto, coll'aspetto della cortesia lo sostiene; e, fata in-
cosciente e benefica, gli prepara un tesoro di ricordanze consola-
trici pei tempi buî che verranno.

E vennero pur troppo quei brutti tempi per l'altissimo fiorentino; ma egli, come le favoleggiate conchiglie margheritifere, ri-

pose in sè la bella immagine della donna cortese; e quando le tempeste turbarono anche per lui il fosco mare della vita, egli di sua sostanza intellettuale, di sua scienza universale, di suo amore perenne, nutrì e conformò e adornò la immagine celeste.

A questo punto la Brunamonti si domanda: qual era l'aspetto di Beatrice? E sebbene non ve ne sia descrizione, ella ce la mostra d'otto anni gentiletta, e costumata tanto, che il piccolo Dante cominciò a sostenerne fiera passione. Più tardi assai Beatrice comparisce bianco vestita, rivolta all'Alighieri per via con bel salutare; ond'egli rimase inebbriato sì virtuosamente, che dovè raccogliersi in solitudine, per gustare, meditando, la beatitudine di quel saluto. E del lungo intervallo sul quale le opere sue serbano un profondo silenzio, Dante stesso ci dice che egli cercò sempre di vedere quell'angiola giovanissima, per ammirarne i nuovi e laudabili portamenti. " Nuovi „ e " laudabili „ : due parole solenni che ci danno il ritratto amabilmente morale della sublime Beatrice, allenata a progredire sul difficile calle della perfezione; e del divino cantore, che da quella contemplazione trae forze più vigorose a seguirla nell'ispido cammino, amandola e lodandola.

Amandola, dico, col fervore onde le anime straordinarie si succedono per gli esseri rispondenti con le eccelse qualità spirituali alle altissime idealità vagheggiate; lodandola, con parole e canti sublimi, esprimenti al vivo l'infiammata, rarissima passione che agita quei petti privilegiati.

Dopo un cenno rapido degli episodi coi quali si chiude la *Vita nuova*; del trapasso quasi angelico della donna idoleggiata dall'Alighieri; e dell'amabile ritratto di quella Gemma Donati, che fu sposa al poeta e madre de' figli suoi, la Brunamonti passa a parlare di Beatrice sotto i due aspetti di donna e di simbolo, coi quali entra nel sacro Poema.

Seguirla in questo tratto stupendo del suo discorso magistrale, sarebbe comprendere in una sintesi maravigliosa tutta l'architettura e le bellezze ineffabili della *Divina Commedia*. Còmpito adempito dalla elettissima prosatrice con tocchi sì espressivi e solenni, da rendere in poche pagine le somme bellezze delle tre cantiche dantesche, assumendo nel suo epilogo la vivezza e forza di espressioni diffusavi da quel genio straordinario, ed elevandosi coll'andatura ascensionale, corrispondente in tutto alle magnificenze progredienti dei tre regni, visitati e descritti dall'immortale poeta. L'amore del quale, poi che quella dilettissima si tornò colla pupilla all'eterna fontana, si chiuse in cielo con un sorriso: premio e compimento paradisiaco di un affetto castissimo, cominciato innocentemente fra due pargoli con uno sguardo, e confermatosi virtuosamente fra due adolescenti con un gentile saluto.

Il classico discorso si chiude con un dotto parallelo tra le qualità effettive dei due massimi cantori di amore del trecento: ed è inutile dire che il poeta di Beatrice stravince per purezza, serenità e rettitudine illibata di pensiero e di contemplazione il cantore di Laura. Tra l'uno e l'altro corre la differenza di due viaggianti diritti alla mèta medesima, ma non egualmente alacri e valenti a raggiungerla con decisa volontà. Dante vi si avvia diritto con passo uniforme, sicuro e progressivo, padroneggiando gl'intoppi che gliene vorrebbero ostacolare l'asseguimento: il Petrarca vi si incammina per una sequela di circostanze e di pentimenti. L'idoleggiata dall'autore del *Canzoniere*, nota la acuta Brunamonti, per quanto circondata di gradevole idealità, non cessa di essere una altera dama provenzale; ma quando Dante cercò delineare sopra una tavoletta il ricordo di Beatrice, gli venne fatto il profilo di un angelo.

Perfino nella chiusa delle rispettive opere poetiche si dispaiano i due grandi cantori. Che voli aquilini nell'inno alla Vergine del divino Poema!

Concludendo la geniale conferenza, la scrittrice s'interroga: dopo Dante e Petrarca, quale idealità femminile rimane nei canti? Che orma di Beatrice nell'arte? E scendendo giù giù per i secoli fino al nostro, quasi nulla trova che risponda pienamente a quella domanda: nemmeno nel Leopardi, che dall'adolescenza portò impressa nella mente un'alta specie di bellezza. Perfino in quella sua Aspasia circonfusa d'arcana voluttà, e componente nell'amplesso dei suoi pargoli un gruppo di fidiaca eleganza, cercò invano un inebriamento d'idealità.

" Follia il credere che i sublimi ideali si dileguino per non più
riapparire. L'uomo ha sete d'ideali e sempre seguirà le sue alte
visioni, e vivrà di sogni, di lacrime, d'armonie, più che di pane
e di scienza, finchè vi saranno sulla terra la gioventù, la virtù,
i fiori, le fanciulle ed anche le sventure, ed anche quella fattrice
e serbatrice suprema d'idealità che è la morte. Noi oggi respin-
giamo l'idealità dall'arte e dalla vita. Ma ella si mantiene nello
spirito d'un grande popolo, semplice ancora ed onesto, il popolo
delle campagne „. Che sono mai quei canti tradizionali, affidati con
incantevole dolcezza ai lievi aulenti zeffiri campestri, se non l'eco
di una cortesia rusticamente cavalleresca, di un misticismo verecondo e soave, che per turni e indeterminate somiglianze risale
fino al Petrarca e alla *Vita nuova?*

Ed Ella ov'è? chiese l'Alighieri al *santo sene* di Chiaravalle,
nell'infocato desìo di riveder quella donna, che l'avea sublimato
fino alla più alta parte del cielo: ed Ella ov'è? domanda pure la
illustre nostra, desiosa di ritrovare Beatrice, ovunque si manifesti
alcuna bellezza ideale, capace di destare gentili e alti sensi nel
cuore, ed offrire pascolo intellettuale alla mente.

Ella è nelle ammirabili creazioni del Sanzio; nelle delicatis-
sime figure di Mino; nelle soavi, leggiadre forme del Canova e del
Duprè. " Quando batte la luna sui candidi marmi di S. Maria del
Fiore, forse Beatrice fuggevolmente riluce nel viso pieno di Dio
di qualche effigiato serafino „.

Ella è nelle voci virginali e nella dolce, serena modulazione degli
stornelli amorosi, echeggianti per la opulenta campagna, tra i gor-
gheggi inimitabili di mille augellini; tra il fruscio ondulato delle
fronde e delle erbe odorose; sotto l'ombra ristoratrice dei pla-
tani giganteschi assiepati lungo le rive vellutate e fresche di un
limpido ruscello. " Dovunque la bellezza si fa maestra d'affetti alti,
e ispiratrice d'opere leggiadre ed amabili, quivi sorride e passa
la invisibile Beatrice „.

V.

IL DUOMO D'ORVIETO.

Viver nell'aria elettrica mi pare
Di trasparenti aurore boreali;
Veggo sorgere in sogno e dileguare
Cupole, guglie e gracili spirali.
Veggo porte di cielo, e da ogivali
Bifore gemme ed iridi calare;
E sospiri d'amore e fruscio d'ali
Angeliche per l'alto odo passare.
Oh, d'Orvieto sul tufo arsiccio e nero,
Specchio del sole e come sol raggiante,
D'oro e mosaici trionfal gioiello!
Per te, di te s'illumina il pensiero,
E, come Fausto al fuggitivo istante,
Gridar vorrei: T'arresta! Oh sei pur bello!

(ALINDA BRUNAMONTI, scrivendo il discorso
sul *Duomo d'Orvieto*).

A parlare degnamente di questo singolare monumento, occorre far vibrare con mano maestra tre suoni nella scala musicale delle arti belle: architettura, pittura, scultura. E la chiarissima laudatrice protesta inutilmente di non aver quella mano. Poichè nel rifarci da maestra, con due tocchi risentiti, la storia geologica, cronologica e psichica della regione orvietana, mite e forte, quieta ed austera, alternata d'oasi e di deserti, d'amenità e di selvatichezza, discopre la ragione onde fu posta da natura tra due civiltà, la laziale e l'etrusca, e più tardi tra Laterano e S. Maria del Fiore: per riferirne che, nel suo sentimento lungamente sopito di un'arte come redata dai remotissimi Pelasgi, Tirreni ed Etruschi, discesero con efficacia rinnovatrice le ispirazioni del secolo di Dante, di Giotto, d'Arnolfo, che furono i genii dell'arte cristiana.

E salendo l'erta della etrusca città, come ad interrogare l'anima di quel popolo e a domandargli l'intimo e multiforme pensiero, studiato nei suoi grandiosi monumenti, la Brunamonti ci ridice l' estasi onde fu rapita innanzi alla divina Cattedrale, avvolta come in un incendio pei raggi del sole occiduo, riflessi negli infocati mosaici. Era l'effetto d'un giocondo contrasto, tutto proprio di quel singolare paese.

" E in quel contrasto, come potè placidamente germinare, fiorire ed espandersi questo decoro delle Cattedrali d'Italia? Quali forze occulte di pensiero nazionale e religioso la prepararono? Come avvenne che, consapevoli di quanto dovevasi ricevere od eliminare del passato ed aggiungere di nuovo, Arnolfo, il Maitani, i Pisani e molti altri maestri, ebbero in tutti un intuito solo e quasi un'anima comune, per cui dal getto primitivo all'ultimo finimento l'intero tempio fosse plasmato e condotto quasi opera unigenita di mente unica? „ Sono queste le domande alle quali si propone di rispondere la illustre conferenzista. E lo fa con un rapido sguardo alla storia dell'architettura, e ai principali duomi italiani e stranieri.

Fra l'abbandono della romanità dello stile e il fabbricare frettoloso e disordinato, una novità era entrata nell'arte e vi rimase: l'arco tondo girato sulle colonne, che fu subito caro al popolo cristiano.

" Forse quella fuga di lente e uguali parabole rassomigliava al movimento uniforme delle anime elevantisi a Dio colla speranza, e discendenti da Lui alla terra colla pazienza. O forse, non pensando a nessun simbolo, apparecchiavano così gli artefici più spazio alla gente e alla luce, dacchè i religiosi misteri non si celebravano più al lume delle fiaccole nei laberinti delle catacombe, ma nella pienezza del sole.

„ Aggiunsero i bizantini la cupola, come coronamento di vôlta celeste alla chiesa „.

E a Ravenna e a Venezia lasciarono monumenti ammirabili.

La Sicilia formavasi uno stile suo, arabo, normanno, bizantino, testimone delle vicende politiche per le quali passò quell'isola incantata. Stile diverso, più temperato e più sobrio, seguirono altre regioni: " e la Toscana, conservando, eliminando e aggiungendo, colla genialità sapiente dell'indole sua, coll'agilità e libertà delle sue ispirazioni, iniziò col Duomo di Pisa la serie delle più belle Cattedrali italiane „.

La rassegna continua con mirabile erudizione nella osservazione, nell'analisi e nel raccordo delle cattedrali ultramontane, col genio, colle opere filosofiche e letterarie di quei popoli; pei quali i monumenti dell'arte religiosa rispecchiano i sistemi di filosofia trascendentale cristiana, nell'ispirata maestà dell'interno; e i sistemi di filosofia trascendentale panteistica, nell' inesausto ornamento esteriore.

Quei monumenti, pur restando manifestazioni geniali della sublimità religiosa, non cessano di essere edifici incompiuti, per la molteplice ed indeterminata trasformazione del concetto, mutabile ad ogni ornamento, ad ogni guglia, ad ogni statua. Sarebbe vano cercare in quelle moli, sempre ammirabili, l'unità infrangibile e chiara degli edifizi di Arnolfo, di Giotto e del Brunellesco. Bene osserva la Brunamonti: " Aggiungete qualche guglia o qualche statua al Duomo di Milano, non ne sarà turbata l'indefinita armonia. Togliete, mutate, aggiungete qualche cosa alla facciata del Duomo d'Orvieto, e ne sarà spezzata quella forma organica e definita, per la quale, senza somigliare a nessuna, ha le bellezze sparse di molte altre „.

E questo giglio d'oro delle Cattedrali italiane sorgeva dopo che Siena ne aveva immaginata una che fosse sorprendente novità di bellezza. Eppure la Cattedrale della guelfa Orvieto superava la vicina rivale, non nella magnificenza interiore, ma negli splendori della facciata. " E, strano a dirsi, la superava appunto per l'ingegno maraviglioso d'un senese, il Maitani. Così, al disopra dei dissidi politici si consacravano le fratellanze dell'arte; e Siena, dai cento palazzi medievali, dalla snella e altissima torre del Mangia, superba de' diciassette gonfaloni, Siena sapeva anche dimenticare ed esser cortese colla città nemica, alla quale largiva cortesemente la miglior parte di sè, quella del genio „.

Ai nostri tempi, assai miti e riposati, reca non piccola maraviglia come potessero sorgere e compiersi queste moli, doppiamente grandiose ed ammirabili, tra lotte accanite e sanguinarie; ed è certo un fenomeno da affaticare la mente del filosofo e dello storico. Il fatto è che a queste opere quasi divine parvero essenziali quelle stagioni ruvide e crudeli, tanto furono propizie e benefiche alle arti.

In due pagine sintetiche la scrittrice ci narra la storia lagrimosa della bufera infernale, nel cui mezzo si elevò questo Duomo portentoso. Guerre esterne ed intestine, passioni e furori ardenti di parti, da prima, poi pestilenza e fame, sono il corteggio lugubre della iniziata Cattedrale, e il soggetto tetro della magistrale narrazione. A cui, come conseguenza, l'acuta osservatrice pone la risposta domandata dai quesiti preaccennati. " Era la fervida duplicità della giovane vita trecentista, quella duplicità che ha la sua più alta, poetica e storica manifestazione nella Divina Commedia. Mai nessun tempo fu più impetuoso al male o al bene. Date giù le caligini sanguigne, mai pupilla umana non vide meglio le trasparenze dei cieli. Mai le plebi e gli artisti non si elevarono con più agilità sopra la regione delle tempeste, verso l'idea cristiana, punto delle supreme concordie „. È tutta qui la ragione di essere di quei monumenti inimitabili, ricordo insieme di tempi luttuosi e ferini e di menti e di cuori nobilmente ispirati e sensitivi. Noi moderni, infrolliti nelle scettiche nostre abitudini, non facciamo che deplorare quei tempi, senza riflettere che dobbiamo ad essi la fortuna di questi gloriosi monumenti. Bene osserva la Brunamonti che i secoli più propizi e fecondi per le arti in Italia furono quelli delle lotte e delle tempeste civili. In tale atmosfera sorse e fu compiuto questo prodigio di Cattedrale italiana, come salivano al cielo in Firenze S. Maria del Fiore, il Palazzo della Signoria e la Torre d'Or S. Michele; e insieme ad esse il monumento più grande del genio umano, la Divina Commedia.

E quando le lotte posavano, quelle anime, non dimezzate nè sofferenti di riposo, esercitavano la febbrile attività nelle opere molteplici e nelle industrie contributive alla maestà di queste fabbriche imponenti, recando tesori innumerevoli, " affinchè tutto si facesse senza misura di spesa e non vi fosse al mondo cosa più bella a vedere „. Coi medesimi auspicii, con uguale entusiasmo civile e religioso e non diversa larghezza di danaro e di operosità, sorgeva a Firenze l'ammirabile Cattedrale, voluta da quella gigante Repubblica con un decreto degno del secolo del Divino Poema.

Quando fu risoluto di dare al Duomo di Dante la sua splendida facciata, Augusto Conti ne dettò il concetto, coll'altezza di mente propria e personale di quella gloria vivente italiana: e lo raccolse in un libro, ch'è un vero gioiello. La nostra Illustre ha condensato in poche pagine tutte le bellezze che si ammirano nel Duomo Orvietano, spiegando, nella descrizione e interpretazione della sua fronte paradisiaca, l'ala del genio poetico ond'è riccamente fornita.

Il poema dischiuso a Firenze per identico soggetto, continua e si svolge con pari dolcezza e maestà, in queste pagine d'oro. I due concetti si fondono; le due illustrazioni si unificano; e alla Donna sublime, glorificata ne' due grandiosi monumenti, sale, vibrante d'amore e di melodia, il saluto: *Rallegrati, o Regina del cielo.*

È impossibile seguire la ispirata artista nella stupenda illustrazione di questo Duomo: le cose belle e preziose vanno toccate soltanto cogli occhi e col cuore; la mano, per quanto monda e delicata, farebbe sempre perdere ad esse la tersissima loro lucentezza. Nulla ella ha tralasciato di ciò che abbella, e all'esterno e all'interno, questo ammirabile edifizio; tutto passa in rassegna con occhio indagatore, e con una vivezza ed eleganza d'esposizione, da porlo bellamente sotto gli occhi dei lontani. I quali, dopo una pittura sì fedele e brillante, non possono a meno di esclamare: anche a noi s'è diffusa la gioia di quelle bellezze; noi pure abbiamo partecipato alla serena letizia dei festeggiamenti orvietani.

Nè tutto il pregio di questa classica Conferenza risiede nella poetica descrizione delle appartenenze artistiche dell'insigne edifizio; la parte più rilevante sono le ragioni recondite, che la fine letterata chiama sempre alla luce, affinchè lo splendore dell'arte rifulga più radioso dalla elevazione del pensiero celatovi dall'artefice; e dagli argomenti scultorii, pittorici e decorativi, il popolo ascenda, come per gradini, alla concezione e comprensione dei simboli e dei misteri, dei quali l'arte si è fatta geniale maestra.

Dalla comparazione che l'alata scrittrice istituisce tra questa e le altre Cattedrali d'Italia, scende agevole la conseguenza che, la " Orvietana è veramente uno dei più fulgidi esemplari di tempio cristiano, medievale, italico „. Perfino il S. Pietro, malgrado la imponenza delle sue linee e la maestà delle volte posate sui massicci pilieri, non la vince sotto un certo riguardo; poichè alle Cattedrali trecentiste " resta sempre un'ispirazione più pura, un'espressione più sincera e profonda dello spirito cristiano „.

Anche il simbolismo delle volte sovrapposte agli archi acuti porge alla Brunamonti materia feconda di geniali riflessioni, sul cómpito serbato ancora al cristianesimo nella sterminata vicenda dei secoli. Nel corso dei quali, se non si edificheranno Cattedrali insigni come quella di Orvieto, non per questo la divina istituzione, che l'ebbe ispirata, cesserà di edificare le genti con opere stupende di verità, di civiltà e di amore.

Il secolo testè tramontato ha veduto compiere la Cattedrale di Colonia; ha compiuto la Cattedrale dell'Alighieri; ha restaurato con sapienza fedele il Duomo d'Orvieto; ha arricchito di stupenda facciata e di classico quadriportico la Basilica Ostiense in Roma: e il secolo novello va meditando di rinnovar la facciata al Duomo di Milano, e di ripristinarne altri non meno superbi. Sono opere sempre grandiose queste conservazioni, onde si perpetuano nel tempo le antiche impareggiabili moli; le quali con le giganti magnificenze d'un Palazzo di Giustizia; d'un Monumento a Vittorio Emanuele II, e di altre sorprendenti odierne costruzioni, consegneranno ai posteri la meravigliosa eredità di tanti gloriosi edifici.

" Non credo, conchiude la nostra valorosa concittadina, che il secolo imminente saprà darci Poemi e Cattedrali, mirabili d'originalità e di splendori come le antiche. Ma credo che un complesso di fedi oneste e libere, alimentate da sorgenti diverse, tutte limpide e salubri, accrescerà nelle generazioni future il bisogno di studiare, di amare e di avvicinarsi alla eccellenza di quelle arti, che ci fecero grandi, quando eravamo discordi e infelici, e non avevamo una patria. Fra queste fedi, io distinguo a nome la religiosa, scevra d'ogni volgarità e mondanità; e le metto subito al lato una fede civile nelle forze del pensiero e nella intrinseca virtù delle istituzioni nazionali. Nè ho paura di sinistri presagi „.

Tanti templi maestosi, prima e purissima gloria d'Italia, testimoni parlanti della grandezza delle piccole nostre repubbliche, sorsero per le generose oblazioni di tutti; e coi medesimi argomenti della pietà, ci saranno conservati nella lontananza dei secoli.

Gli antichi romani non ebbero che la forza sintetica dell'amore nel valore. Quel concetto però, religioso e domestico, incardinandosi unicamente sulla violenza e la forza, elementi imprescindibili dalla gloria di quel popolo conquistatore, non esprimeva l'alta idealità ultraterrena, cui potessero volgersi con fiducia le menti ed i cuori. Quando poi il cristianesimo, rotte le dighe che lo costringevano nelle catacombe, potè manifestare la sua benefica azione alla luce sfolgorante del sole, un popolo grande, rigenerato a civiltà dalle opere feconde di lui, scrisse nella sua impresa il motto *Dieu et mon droit*, tessera gioconda del nuovo indirizzo che pigliavano le sorti del mondo. E i Franchi si vantavano della rigenerazione recatagli nelle tenebre della barbarie col *Gesta Dei per Francos*.

La missione che avanza agli italiani, già maestri al mondo di ogni civiltà e gentilezza, deve spingersi anche più oltre; ora specialmente che un arcano favore di provvidenza gli ha riuniti in una grande e potente famiglia. La mèta ad essi assegnata non può essere che la riconquista di quel primato di sapienza civile e di gloria, al quale li sollevarono in secoli meno felici queste manifestazioni sublimi del loro genio. Pigliando nuovi auspicii da queste moli venerande, si adunino all'ombra mite di esse in opere feconde di concordia e di pace. E compiendo e perfezionando il motto fatidico di nazioni consorelle ed amiche, paghi delle incantevoli terre e marine, largite da Dio alla loro operosa e geniale attività, scrivano anche gli italiani sui drappi del nazionale vessillo, e s'imprimano profondamente nel cuore, a rinnovamento d'antiche grandezze, il triplice motto amoroso: *Il mio Dio; il mio Re; la mia Patria.*

III.

CENNI NECROLOGICI

Dopo aver trepidato cinque anni per la salute di questa illustre Signora, il 3 febbraio 1903, santa e serena come era vissuta, dolce nel sembiante quanto gli Angioli dalla lieta novella, si spense quella Incomparabile, che, come magistralmente cantò la illustre Vittoria Aganoor Pompili, e disse bellamente il chiarissimo Prof. Oreste Ferrini, segnò " ..... il trionfo della Virtù e dell'Arte, che si può dire incominciato nel nome di Alinda Bonacci Brunamonti dal giorno della sparizione di Lei da questa terra. È la gloria del Suo Nome chiaro ed intemerato, la quale, già preconizzata dai più alti intelletti, ora accende e moltiplica le sue faci negli animi di quanti italiani e stranieri sentono il culto di Fede, di Patria, di Famiglia, di Umanità, di Natura, di Arte, di Scienza, degli ideali tutti che, a guisa di astri rutilanti in un cielo purissimo, piovvero una luce viva, tranquilla, composta nell'anima eletta della Nostra, avvalorarono di sempiterna efficacia la sua limpida parola di poetessa e di oratrice „.

Al ferale annuncio di tanta sventura il coro di dolore corse dall'Alpi all'Etna, e si ripercosse oltre i confini d'Italia.

Le onoranze funebri, a cui parteciparono tutti gli ordini civili, dall'umile popolano alla Reggia, furono commoventi e solenni.

16

Una relazione fedele ne fu pubblicata dal Periodico letterario perugino *La Favilla*, anno XXII, nel fasc: 1-3, illustrato e dedicato alla memoria della grande estinta. Vi si leggono anche lunghi frammenti delle sue *Memorie* inedite, e un'estesa bibliografia delle sue Opere, e delle recensioni italiane e straniere.

Furono fatte commemorazioni a Roma, Genova, Torino, Bologna e, nell'Umbria, a Perugia, Assisi, Foligno e, nelle Marche, a Recanati.

Giornali, riviste, opuscoli, effemeridi si listarono a lutto; le accademie issarono le bandiere abbrunate, e il plebiscito unanime verso il genio proruppe per ogni dove.

Nella corona, onde una falange d'illustri Scrittori la onorò, è fulgidissima gemma questa lettera di Mario Rapisardi, l'alto rivelatore della parola italiana:

" Dolorosa mi giunge la notizia della morte di Alinda Brunamonti. Perugia ha perduto il suo migliore ornamento; Italia la sua prima poetessa: prima delle viventi, e oserei dire delle passate, non esclusa Vittoria Colonna, tortoreggiante alla petrarchesca; prima per altezza di pensiero, per cultura scientifica, per finezza d'arte, per italianità di lingua e di stile. La sua mente, osservatrice amorosa dei fenomeni della vita universale, cogliea rapporti inaspettati fra gli oggetti del mondo fisico e del mondo morale, armonie recondite fra il sentimento e la ragione, fra la scienza e la fede: e li esprimea nel verso con tal delicatezza di colori e di suoni, con tal sincera soavità di pensieri e d'affetti, da lasciare nell'animo del lettore un senso di melanconia e di nostalgia, come il rimpianto d'altre sfere e d'una felicità inconsapevolmente perduta.

" Ad Alinda Brunamonti non mancherà quella gloria ch'ella non cercò e che non avrebbe voluto ottenere con quelle arti, che agli animi generosi repugnano più della perpetua oscurità „.

E per Alinda Brunamonti, specialmente quando si saranno pubblicati gli altri suoi scritti *Memorie e Pensieri*, fioriranno nuovi narcisi; e la storia, ricostruendo tutta un'opera affascinante di poetessa e di prosatrice, le assegnerà l'apoteosi in questa nostra Terra, sacra ai fiori e all'armonia.

La sua cetra fidiaca, divina, che, al dire del Petrarca, fece vibrar le sue corde

" Per util, per diletto e per onore „

avrà più fama ancora e

" ..... vita tra coloro
Che questo tempo chiameranno antico „.

* *
*

Le opere della Brunamonti sono apprezzatissime, commentate e lodate anche da dotti critici stranieri e tradotte in varie lingue.

Le sue pubblicazioni principali sono:

Versi (Le Monnier, 1875);
Nuovi canti (S. Lapi, 1887);
Discorsi d'arte (S. Lapi, 1898);
Flora, cento sonetti (presso la Direzione della *Roma lette-raria*, 1898).

Nella biblioteca Vittorio Emanuele in Roma e in altre importantissime esistono, oltre le pubblicazioni suddette, anche vari opuscoli in versi e in prosa, scritti in diverse circostanze. Parecchi di questi però l'autrice stessa non ha creduto riprodurre ne' suoi volumi.

Nell'archivio domestico del Prof. Brunamonti, esiste pure, tra molti altri scritti, un'opera inedita, *Memorie e Pensieri*, in tredici volumi, fino al 1900 (vedi in *Favilla*, anno XXII, fasc. 1-3, Biblio-grafia). È divisa in due serie: la prima, in forma di autobiografia; la seconda, in forma di diario. L'autrice scrive per sè, e non per il pubblico; scrive per preparare alla sua vecchiezza il conforto delle

memorie, e alla sua famiglia l'eredità de'suoi pensieri. Quindi nota
" con sincero abbandono, i ricordi delle sue gioie e de' suoi dolori,
delle speranze e delle sue trepidazioni „, de' suoi studi nelle lettere,
nelle scienze, nelle arti, le sue osservazioni su quanto le par degno
di attenzione, i suoi giudizi intimi sui libri e sulle cose, sugli
uomini e sulla vita. E tutto ciò con varietà grande, alternando argomenti diversi, la profondità e la forza con la festività e l'arguzia,
fugando così la monotonia e la noia, ch'ella combatte come il
principale nemico dello spirito.

IN MORTE

DI

ALINDA BRUNAMONTI

ODE

Presso le arcate gotiche
Della città turrita
Qualche leggiadra primula,
Ch'ivi spuntò romita,
Trema al rintocco lugubre,
Che rigido trasvola
Dalla campana flebile
Che si nomò Viola.

Soavi e casti gli angeli
Dalla conchiglia d'oro
Della *Giustizia*, armonico
Sciolgon per l'aria un coro....
E la divina musica,
All'umbra terra assorta,
In meste note echeggia:
La Brunamonti è morta!

Il doloroso fremito,
Quale incendiar di sole,
Vibra pel ciel d'Italia....
E la severa Mole
Di Santacroce accoglie,
Del Genio inclita Sposa,
Tra Dante e Michelangelo
La perugina rosa.

Oh! Tu, che desti l'anima
A tutti i fior de'campi,
No, non sei morta! eterea
Vivi tra noi, ne'lampi
Della natura semplice,
Della virtù fiorita,
Nelle latebre fervide
Dell'operosa vita;

Che dagli abissi vergini
Agli archi trionfali,
Dalle correnti magiche
Ai mondi siderali,
Dai popolari cantici
Alla grandiosa istoria,
Te, levano in un culmine
Di melodia e di gloria!

Dove effigiati splendono
Volti di paradiso,
Ivi di Alinda eternasi
L'animator sorriso;

Ove le statue spirano
Di Mosè la parola,
Donna, di te sublimasi
L'adamantina scola.

E il magnanimo sangue
Che le tue vene accese
A scuotere il servaggio
Del più gentil Paese,
Scorre illibato e folgora
Terribile, giocondo,
Con Leopardi e Foscolo
Ovunque è patria il Mondo.

No, non sei morta! un'iride
Brilla nel ciel dell'Arte,
E l'apogeo magnifica
Delle divine Carte
Che Tu vergasti: rorido
Sale a Maria il tuo verso,
Per Te sacrato agli umili,
Ai grandi, all'universo.

Vieni, celeste reduce,
Di Heïne e di Virgilio,
Colla tua cetra mistica
A rinverdir l'idilio;
E delle informi tenebre,
Il cupo, alto mistero,
Disveli, all'alma trepida,
L'eroico tuo pensiero.

E quando tergon gli angeli
Tante miserie umane;
Quando ai tapini, provvide
Danno le mêssi il pane,
De' tuoi Poemi allietisi,
Alinda, 'l nostro core,
Per gli stellati empirei
Cantando luce e amore!

Amor, che a terso e libero
Desio volta la fronte,
Miri al di là dei secoli
Il fulgido orizzonte
Del vero; ove ritemprisi
L'indomita fortezza,
Di redenzione vindice
Nell'augural grandezza.

Ponte Vallecoppi (Perugia), 4 febbraio 1908.

VITTORIA COLONNA

A l'occiduo tuo sol che pare aurora,
Reca festante la camena mia
Questo saluto che non mente al ver.

(A. CECCOLI).

A

VITTORIA COLONNA

All'impero di grazia e di candore,
Di dottrina e d'amor, diva Vittoria,
Porto un sereno anch'io, modesto fiore
Sull'immortale altar della tua gloria.

L'intreccio ardita al serto dell'onore
Immacolato: angelica memoria
Del secol d'oro, mistico fulgore
Che ti fe' grande nell'eterna istoria.

A casto e pio dolor squarciossi il velo
Delle sublimi idealità del cielo,
Per Te, che stretta col tuo Sole ucciso,

Viva ancor, con Lui fosti in paradiso!
Per Te, che allumi questa terra grama,
Levando al sommo Ver chi soffre ed ama!

VITTORIA COLONNA celeberrima tra le poetesse italiane, vissuta nella prima metà del secolo d'oro, dette la più smagliante e la più perfetta forma al verso che le ispirarono la natura, l'amore, l'arte e Dio [1]. Nulla le mancò di quel che rende felici le donne di animo volgare. Nobiltà regia, bellezza rara, ingegno acuto, educazione squisita, omaggi, onori, ammirazione; tutto quello insomma che è tenuto degno d'invidia da chi solo nelle cose vede la forza: tutto le abbondò; tutto le fu prodigato in quell'epoca che, sfolgorante di bellezza e di adulazioni, segna la decadenza del buono e del grande.

Vittoria non aveva raggiunto il quinto anno di età quando il padre Fabrizio Colonna, seguendo il costume signorile del tempo, in cui le donne erano date ad uno sposo, o a Dio, senza il consenso loro, e per diritto ferreo di patria potestà, la fidanzò a Ferrante Francesco figlio di Alfonso d'Avalos, marchese di Pescara, spagnolo male italianizzato, e sostenitore valoroso e potente delle armi e della tirannide aragonese in Italia [2].

---

[1] Vittoria, che vide la luce nel castello di Marino l'anno 1490, ebbe per madre Agnese di Montefeltro, figlia di Federico duca d'Urbino.

[2] L'amicizia tra le case D'Avalos e Colonna ebbe principio quando Fabrizio Colonna, lasciata la parte francese, si unì ad Alfonso d'Avalos per sostenere i diritti e le imprese di Ferdinando re di Napoli.

Il padre pensava solo alla ragione di Stato ed a quella degli interessi, senza riflettere a ciò che potesse accader poi tra le due vittime, nel segreto dei cuori mercanteggiati, nelle anime chiuse violentemente ad ogni più cara illusione, ad ogni dolcezza di affetto vivo e condiviso[1]. Nessuno in quei tempi di cesarea decadenza, come oggi per la continuità del sangue purissimo celeste, si occupava di queste violazioni alle sante leggi dell'amore e dell'uguaglianza. Vittoria visse quando l'Italia nostra, divisa ed oppressa, affermava la sua nazionalità, intuita da Dante e da Petrarca, e rifulgeva di genio da un capo all'altro della bella penisola. La giovinetta, lontana dalla politica reazionaria di tanti principi, che infestavano la patria di turpitudini e di obbrobrio, s'innamorò dell'arte, e, presa da quella forza sovrumana, che sui non corrotti spiriti esercita la grandezza del passato, fidò nella virtù rigeneratrice dell'avvenire.

Ella abbracciò con l'enfasi di un'eroina l'evoluzione nell'incivilimento, la sublimità nell'arte, la fermezza nella domestica e cittadina morale, che tanto la caratterizza.

Da ogni parte d'Italia sorgeva il canto, la litania enfatica del passato; appariva il sorriso incantevole del nostro cielo su tele meravigliose; pulsava il martello che strappava la parola ai marmi, unificando con le più pure creazioni la lingua di Dante, il pennello di Giotto, lo scalpello del Ghiberti; e la terra sacra a tante memorie avanzava sui secoli nelle scienze e nelle arti, prendendo queste in ogni dove moto ed affetto, alitando un genio sovrano, conquistatore.

Non è quindi meraviglia se di tanto benefico influsso ebbe a risentirne lo spirito magnanimo e la mente vastissima della Colonna, la quale contribuì potentemente co' suoi carmi a confermare il nome di secolo d'oro all'epoca gloriosa in cui visse.

---

[1] Il fidanzamento di Vittoria con il marchese di Pescara fu pattuito anche per volere del re di Napoli, Ferrandino, per attirar dalla sua i Colonna, che prima parteggiavano per la Francia, e per assicurarsi la dubbia fede di molti altri baroni e patrizi.

*
* *

Al contrario tempi brutti, nefandi volgevano per la politica. I Comuni erano andati gradatamente perdendo della loro indipendenza, e la libertà individuale, che essi avevano proclamata e fino allora garantita, andava man mano restringendosi. Le forme eminentemente democratiche del loro governo, davano luogo alle dispotiche, alle reazionarie del signorotto, del principe, dell'imperatore. Quei palagi, creati dal genio italico, ove erano dipinte e scolpite tante gloriose memorie, si spopolavano della mistica fusione delle arti e dei mestieri per ceder posto ai bravi, ai poliziotti che ne cambiavano le libere stanze in sale inquisizionali, con forche e trabocchetti. Dove prima imperavano la virtù candida e il genio mistico, si assideva il dispotismo e la corruzione; e dove prima salivano a schiere allegre e chiassose i cittadini e gli artefici dalle uniformi più vivaci e svariate colle frige berrette, transitavano torvi e neri fantasmi in maschera, assoldati per soverchiare ed opprimere.

Da Roma, scaduta assai nello splendore della religiosa gravità, anzichè rianimare i fedeli alle cristiane virtù, si porgevano esempi vituperevoli di vita licenziosa in Alessandro VI e Lucrezia Borgia; la quale poteva liberamente cavalcare per le vie cittadine con cardinali, vescovi, prelati, e tenere quei famosi circoli, ove si ordirono tante iniquità, da cui rifugge fino la memoria.

Italia tutta pareva tornata nella barbarie. Il Valentino invadeva le Romagne, Lodovico il Moro impadronivasi delle città lombarde, e Francesi da una parte, Spagnoli da un'altra, soldatesche svizzere in ogni dove, Guelfi contro Ghibellini, ridussero la misera Italia in un campo di sangue e di fuoco (1499-1501).

I Borgia, continuando nella corsa sfrenata, soggiogarono le Romagne e ne proclamarono duca Cesare (26 aprile 1501). Poi, di delitto in delitto, col più nero tradimento occuparono anche Urbino e Camerino (1502). Indi sorta e firmata nel castello di Magione (9 ottobre 1502) una congiura contro di essi, la loro fama obbrobriosa ebbe termine col più orrendo delitto di una Lucrezia omicida, avvelenatrice (1503) [1].

La rigenerazione intellettuale che in quei tempi èra entrata trionfante nella via della perfezione, fu disgiunta da quella morale, e la voce del Savonarola, raggiante di santo sdegno, venne spenta col capestro, e soffocata nel rogo. Quell'anima invitta mentre esalava gli ultimi aneliti, inveiva ancora contro l'immoralità invadente di un Alessandro Borgia, d'un Lorenzo il Magnifico, di un Piero suo figlio. Ma il genio fecondo e la forza dialettica del Martire dovevano essere sorgenti di ben altre glorie, di ben altro avvenire! Filosofo e profeta, come Dahte aveva sognata un'Italia forte e temuta, e coi sovrumani entusiasmi del suo rigidissimo ascetismo apriva l'adito all'austera riforma! (23 maggio 1498).

*
* *

Dall'animo mite e gentile di Vittoria, aperto ed educato alle più forti virtù, in mezzo a quei Castelli romani dall'aria purissima e dal paesaggio incantevole, estasiato nelle meraviglie della natura e nelle tanto care memorie della grandezza passata, non potevano uscire che palpiti di amore e di fede.

Con la potenza del suo ingegno, fecondato dagli studi di tutta la poesia classica, e dal risveglio italico che ad ogni passo le riempiva l'animo di esultanza, di meraviglia, l'inclita figlia di Roma concepì il suo canto divino. Mentre il suo promesso, addestrato alle severe discipline delle armi, acquistava gloria ne' tornei, spiegando gli ardimenti della sua forza valorosa [2], la bella vergine pingeva

---

[1] Lucrezia Borgia, passata in terze nozze con il duca di Ferrara, morì in questa città il 24 giugno 1519. La donna, cui la leggenda assegnò le più mostruose colpe del tempo, mentre v'è chi la riconosce dotata di dolcezza e pietà, aspetta ancora la sua riabilitazione in faccia alla società, dappoichè ella come peccatrice, spesso irresponsabile, invocando il perdono divino, raccomandando il consorte e i figli, si riabilitò in faccia a Dio (Lettera a Leone X, 22 febbraio 1519).

[2] Ferrante voleva prendere parte alla sfida di Barletta fatta tra italiani e francesi (13 febbraio 1503), ma ne fu impedito da Fabrizio Colonna.

indefinito, paradisiaco nelle grandi luci dorate, il poema della sua
vita avvenire.

* * *

Celebrate le nozze il 27 dicembre 1509 [1], i giorni felici dovevano ben presto dileguarsi e dar luogo ad un periodo di angoscia
e di amarezza.

Oh, con qual dolce, ineffabile effusione Vittoria aveva offerto
al suo sposo anima e cuore!

> Quel giorno che l'amata immagin corse
> Al cor, come ch'in pace star dovea
> Molt'anni in caro albergo, tal parea,
> Che l'uman e 'l divin mi pose in forse.
>
> In un momento allor l'alma le porse
> La dolce libertà, ch'io mi godea;
> E, se stessa obliando, lieta ardea
> In Lei, dal cui voler mai non si torse.
>
> Mille accese virtuti a quella intorno
> Scintillar vide, e mille chiari rai
> Far di nova beltate il volto adorno.
>
> Ahi, con che affetto Amore e 'l ciel pregai
> Che fosse eterno sì dolce soggiorno!
> Ma fu la speme al ver lunge d'assai.

* * *

Le continue lotte intestine avevano fatto del reame di Napoli
un vero scempio, e con la caduta dei Borgia era rimasto scon-
volto anche lo Stato pontificio.

----

[1] Il 6 giugno 1507 furono stipulati i patti matrimoniali nel castello di Marino
fra i rappresentanti delle due famiglie; ma, essendo assente Fabrizio e Ferrante,
il contratto fu firmato a Napoli il 13 dello stesso mese alla presenza di testimoni.
Le nozze dovevano farsi nel corso dell'anno. A causa di guerre e lotte intestine
furono ritardate di due anni, celebrate soltanto nel castello d'Ischia il 27 dicembre 1509. Per tale ritardo, molti scrittori asserirono erroneamente che Vittoria
si maritò a 17 anni anzichè a 19.

18

Salito al pontificato Giulio II (1503), frenò la ribellione che i Borgia avevano generata tra i principi vassalli. Poi si assicurò nel suo Stato, pensando a sbarazzarsi degli stranieri che egli stesso aveva prima chiamati in aiuto, e al grido: " fuori i barbari! „ vestito da guerriero, entrò nello Stato di Ferrara per la breccia della Mirandola, al cui assedio aveva preso parte anche il principe Fabrizio Colonna (1510). Il viceré di Napoli, eletto capo dell'esercito napoletano-papale, associò al comando il Colonna, col quale alla testa di 400 cavalieri, era corso anche Ferrante d'Avalos. Giunti nelle Romagne coll'animo di inoltrarsi fino a Venezia, trovarono una resistenza formidabile nelle schiere dei francesi guidati da Gastone di Foix, il quale, valorosamente pugnando, li ridusse nelle pianure di Ravenna, dove l'11 aprile 1512 ebbe luogo una grande e decisiva battaglia. Il Colonna compì prodigi di valore; ma, sopraffatto, dovè cedere. Ferrante con i suoi 400 cavalieri fu l'ultimo a cadere, e carico di eroiche ferite, fatto prigione col suocero, venne condotto a Ferrara, indi a Milano.

Splendida l'epistola di Vittoria a Ferrante dopo questa disfatta:

> Seguir si deve il sposo e dentro e fora
> E s'egli pate affanno, ella patisca;
> Se lieto, lieta; e se vi more, mora;
>   A quel che arrisca l'un, l'altra s'arrisca;
> Eguali in vita, eguali siano in morte;
> E ciò che avviene a lui, a lei sortisca.

E in tutto si disvela l'amore immenso, disperato della consorte al marito; l'ardente sagacia dei consigli, il dolore potentissimo nel trovarsi disgiunta dallo sposo e il rimprovero disdegnoso, ma sempre affettuosamente nobile, che gli rivolge per la preferenza di lui alla guerra, anziché al suo tenero amore:

> Tu vivi lieto, e non hai doglia alcuna
> Chè pensando di fama il nuovo acquisto,
> Non curi farmi del tuo amor digiuna.

Però in questo amore sempre ella è cieca, non sapendo discernere per tanta forza l'insana ferocia del marito nel combat-
tere e spesso confonde il furore coll'onore:

> Ma or in questo periglioso assalto,
> In questa pugna orrenda e dispietata
> Che m'ha fatto la mente e il cor di smalto,
>   La vostra gran virtù s'è dimostrata
> D'un Ettor, d'un Achille.
>
> . . . .
>
> Voi, spinti dal furor, non ripensando
> Ad altro che ad onor, contro al periglio
> Solete con gran furia andar gridando;
>
> . . . .

Ella scrupolosamente seguì il bello stile del Petrarca, imitando
il modo del Cantore di Laura per celebrare le glorie di suo marito, ma non poteva certo levarsi a quegli ideali di indipendenza
e di repubblicanismo latino che vivificano il poema di Messer Francesco, non già perchè debolezza di sesso le togliesse vigore a quel-
l'alto ideale, ma perchè amore glielo toglieva. Non poteva la dotta
poetessa, allevata in casa di Fabrizio Colonna, prediligere l'acume
politico di Nicolò Machiavelli; benchè questo grande avesse chiamato il bisavolo di lei Fabrizio, gran maestro nell'arte della
guerra, mentre l'Ariosto nel suo poema lo confermava " la gran
colonna del nome romano „.

Ai principi Colonnesi, ch'ebbero sempre fama di grandi illustri
eroi, non mancò mai l'elevatezza della mente e del cuore e in ogni
tempo rifulse il loro genio. Ebbero un Egidio (1247) precettore
di Filippo il Bello; un Landolfo (secolo XIV) istoriografo insigne;
uno Stefano, il più prode dei romani Baroni e oratore (1341) alla
incoronazione del Petrarca; un Giovanni, amicissimo di questi, dal
quale fu lodato nel celebrato sonetto: " Rotta è l'alta Colonna „.

Giunsero alle più alte cariche, come guerrieri, come ecclesia-
stici, come cittadini, e, distinti sempre nelle opere magnanime della
fede e della carità, ebbero anche una beata Margherita, vissuta

nella prima metà del secolo XIII, che rifiutò cospicue nozze per darsi al soccorso dei poveri e all'assistenza degli infermi.

Se Vittoria vedeva nel marito non solo un eroe, ma un uomo pieno di virtù, di sincerità e di fede (come scrisse il principe di Orange) e tanto da personificare in lui quel certo ideale dell'eroe ariostesco, caro alle donne di allora, pronto a menar le mani, fedele a Dio, alla dama, ma sempre ignorante del nome e dell'idea di patria, non si può negare nelle poesie della Colonna una coltura virile, e che ad essa debba spettare il primo seggio dell'arte da nessun'altra raggiunto.

Tre grandi letterati, biografi e storiografi insigni, in vario tempo vissuti, così scrissero del valore di questa donna straordinaria.

Crescimbeni (*Storia della volgare poesia*): " Roma, anzi il mondo tutto, vide e vede rarissime pari, nella chiarezza dei natali, nella bellezza del corpo e in quella dell'animo. Ma se unica non seppe appellarla il mondo in queste cose, ben tale la riconobbe la toscana poesia nel maneggio delle sue liriche muse, nelle quali con tanta felicità e dottrina adoperò, che inalzossi sopra tutte le donne, e potè gloriarsi di camminare a paro a paro co' maggiori seguaci del Petrarca, dai quali ricevè il titolo di divina, che poi le fu confermato universalmente „.

Muratori *(Trattato della perfetta poesia)*: " Lo stile è nobilmente chiaro, modestamente acuto, ed il componimento tutto sì giudiziosamente condotto, che gli ingegni mezzani un somigliante non ne farebbero, e i sublimi si pregerebbero d'averlo fatto „.

Quadrio *(Storia e ragione d'ogni poesia)*: " Noi non sapremmo come meglio lodarla, che dicendo col gesuita Passevino, che le rime di essa spirano universalmente dignità, religione, e grandezza „.

* *
*

Dopa la rotta di Ravenna, Vittoria solo di sfuggita potè avvicinare il marito.

Le delizie di Napoli e d'Ischia nella pienezza de' gaudi, la consolarono alquanto dell'assenza di lui. Ma il più soave conforto lo trovò nella marchesa di Francavilla, Costanza d'Avalos, la quale, piena di ideali nobili e alla virtù più rara accoppiando ingegno acutissimo, ebbe già gran merito nella coltura di Vittoria [1].

Altro grande conforto per la magnanima donna fu il dedicarsi all'educazione del cugino di suo marito, Alfonso d'Avalos, giovinetto di animo rude, perverso e ribelle, il quale venne addirittura cambiato dall'imperio dolcissimo di Vittoria.

Ella, soddisfatta e lieta per tanto beneficio, andava ripetendo: — Già sterile non posso essere io chiamata, quando ho del mio ingegno generato costui. — Parole sante e sommamente pedagogiche. In esse è racchiuso il principale concetto educativo, modernissimo quanto elevato, che rivela in questa donna la conoscenza di tutte le leggi psichiche, risultato d'uno studio profondo dell'umana natura nell'interminabile varietà delle sue manifestazioni. Quando tutti gli educatori potessero ripetere come la Colonna — ho del mio ingegno generato costui — le scuole popolari odierne raggiungerebbero il fine altamente etico per il quale furono istituite.

E questo raggiunse Vittoria. La sua dottrina educatrice dette alla patria uno dei più grandi cavalieri del tempo [2].

---

[1] Vittoria deve il conseguimento del suo alto grado a Costanza d'Avalos, la quale, donna di fino sentire, di forte intelletto, d'illibati costumi, di nobili ardimenti e guerriera per la difesa del suo castello assalito dai francesi, fece della sua casa il ritrovo dei più illustri personaggi del tempo. Così Vittoria potè continuare negli studi prediletti, facendo tesoro di quella vitale e perfetta conversazione. Ne fa fede Bernardo Tasso in un suo mirabile sonetto:

" Superbo scoglio, altero e bel ricetto
Di tanti chiari eroi, d'imperadori:
Onde raggi di gloria escono fuori,
Ch'ogni altro lume fan scuro e negletto;
. . . .
Il lume è in te dell'armi, in te s'asconde
Casta beltà, valore e cortesia,
Quanta mai vide il tempo, o diede il cielo ,,.

[2] Il marchese del Vasto, del quale Vittoria fu

" sorella
E madre, non per amoroso foco ,,

lo troviamo prima combattente contro i francesi nel 1521 tra le schiere di Leone X e Carlo V; poi al fianco del gran connestabile di Borbone. Impadronitosi del castello di Milano, dopo condotte a termine altre molte imprese, nel 1532 fu in

Così ella lo magnificò nel suo poema:

> .... Purga, alluma, ardi l'amato
> Per nome mio, ma tuo per opre figlio,
> Ricco del vero onor, candido giglio
> Fra tutti i fior del verde eterno prato!
> . . . .
>
> Sicchè 'l soave odor ch'ei dentro asconde,
> Per l'acqua pura e 'l bel lume sereno
> Senta del mondo la più lunga riva,

e altrove

> Che se all'acquisto ancor di mille mondi
> Bastava il mio gran sol; suoi corti giorni
> A voi solo lasciar quest'altre glorie.

* * *

Fabrizio e Ferrante, da poco liberati dalla prigionia, riprese le armi contro Venezia, furono gli eroi della giornata di Vicenza (7 ottobre 1512). I due famosi capitani, abbandonata poscia la causa napoletana, per le strepitose vittorie di Carlo V

> Chè non solo il paese, u' 'l Tago e 'l Reno,
> L'Istro, il Rodano, il Po superbo inonda,
> Trema di voi, ma quanto apre e circonda
> Il gran padre Ocean col vasto seno

a lui si unirono.

In tale abbiezione politica il padre ed il marito di Vittoria s'infangavano ad oltranza, ma ad essa le bende dell'amore non la-

---

Ungheria contro i turchi. Creato cavaliere del Toson d'oro, passò in Africa dove compì imprese meravigliose. Da Tunisi venne a Roma con Carlo V, dal quale fu nominato capitano generale di Milano. Letterato e poeta, ebbe famigliarità con i dotti del tempo; e, ambasciatore e politico, s'interpose negli affari dei Medici a Firenze e nel dissidio tra il papa Paolo III e la famiglia Colonna. Negli ultimi anni corse di nuovo contro i turchi, salvando la città di Nizza, e il 14 aprile 1544, combattente contro il conte d'Enghien, perduta la battaglia, cadde in disgrazia dell'imperatore. Quest'uomo straordinario, frutto dell'educazione di Vittoria, morì a Vigevano il 31 marzo 1546.

sciavano discernere le pecche del marito e le azioni tristi che commetteva col valore e col tradimento. Alla donna innamorata era lecito insuperbire delle gloriose ferite toccate a Ferrante, senza avvedersi che quelle erano ferite toccate alla patria.

Creato duce supremo delle fanterie condotte dal nuovo Cesare, Ferrante fu l'eroe della strepitosa vittoria di Pavia (24 febbraio 1525), facendo prigione lo stesso Francesco I, il re prode e cavaliero, che scrisse a sua madre il famoso motto " Tutto è perduto, fuorchè l'onore „.

Al D'Avalos, ammirato da tutta Italia e creduto invitto, furono fatte proposte per entrare al servizio della lega stipulata tra vari principi per cacciare gli stranieri dalla penisola, promettendogli in contraccambio la Corona di Napoli. L'offerta era seria e seducente, ma Ferrante, accettandola, sarebbe divenuto spergiuro di Carlo V. E così ne fece solenne rifiuto, al che fu anche spronato dalla Consorte.

" Vi ricordi, gli scrisse, della vostra virtù, la quale si leva al di sopra della fortuna e della gloria dei re: non con la grandezza degli Stati e dei titoli, ma unicamente con la virtù si acquista l'onore, che è glorioso trasmettere ai figli. Per conto mio non desidero essere la moglie di un re, ma del gran capitano che seppe vincere, non solamente col valore in guerra, ma con la magnanimità in pace, i maggiori monarchi „.

Se in quel tempo Vittoria avesse nutrito amore per la patria, quanto ne sentiva per l'onore del marito, poteva forse incominciare una nuova èra, e l'Italia, resa indipendente e confederata nei suoi principi, avrebbe potuto inalberare la bandiera nazionale con il motto: " Fuori i barbari! „ Sogno sì bello doveva affascinare tutti i Grandi del tempo. Ma, ahi! l'Italia risorta nel genio, rimaneva purtroppo ancora per secoli oppressa e divisa!

*
* *

Alra impresa tirannica condusse Ferrante contro Milano. La fine del duce però era segnata. Accasciato dalle fatiche ed agitato dai rimorsi, sentendosi vicino a morte, ne diede notizia a Vittoria;

ma prima che questa giungesse, il 25 novembre 1525, chiudeva gli occhi a quel sole che tanto lo aveva illuminato nelle sue imprese [1].

Vittoria sostò a Viterbo e meditabonda si ridusse in Roma, dove, chiusa nel suo intenso dolore, ottenne con breve del pontefice Clemente VII (7 dicembre 1525) di poter entrare nel convento di San Silvestro.

Forte e sublime dolore, che fu maturato nella quiete di quel sacro recinto, nella pura contemplazione di Dio, nell'arcana visione del passato, dove, sempre fissa ed immutata nello sconfinato amore del suo sposo, dette principio a quell'altro poema che doveva immortalare entrambi:

> Scrivo sol per sfogar l'interna doglia,
> Di che si pasce il cor, ch'altro non vole,
> E non per giunger lume al mio bel sole,
> Che lasciò in terra sì onorata spoglia.
>   Giusta cagione a lamentar m'invoglia;
> Ch'io scemi la sua gloria assai mi dole;
> Per altra penna e più sagge parole
> Verrà chi a morte il suo gran nome toglia.
>   La pura fe', l'ardor, l'intensa pena
> Mi scusi appo ciascun, grave cotanto,
> Che nè ragion nè tempo mai l'affrena.
>   Amaro lagrimar, non dolce canto,
> Foschi sospiri, e non voce serena,
> Di stil no, ma di duol mi danno il vanto.

E con questo stupendo sonetto s'inizia la pittura rapida e convulsa dei moti delicati e supremi del suo cuore, mentre negli infiniti contrasti d'alta, purissima commozione soggiunge:

> Fortunati color che avvolti in fasce
> Chiusero gli occhi in sempiterno sonno
> Poi che sol per languir qua giù si nasce!

---

[1] Le spoglie mortali del Pescara vennero trasportate a Napoli nel 1526 e furono composte nella chiesa di S. Domenico, accanto a quelle della marchesa Maria d'Aragona e del suo consorte.

Nella mesta canzone ove ella, nel confutare con la potenza della sua penna i dolori in amore di altre donne, fa sempre risaltare il suo più unico che raro, conchiude:

> Canzon, tra' vivi qui fuor di speranza
> Va sola e di' ch'avanza
> Mia pena ogni altra; e la cagion può tanto,
> Che m'è nettare il foco, ambrosia il pianto!

*
* *

Nella vita la poesia si estrinseca prima o poi quale prodotto degli avvenimenti, e da questi, come dalla mente e dal cuore, attinge le sue multiformi manifestazioni. Tutti i tempi risposero a delle bellissime creazioni, che altrimenti sarebbero restate racchiuse nel segreto delle anime; così Anacreonte non avrebbe cantato i suoi affetti, Ovidio i suoi dolori, Petrarca i suoi sospiri.

Vittoria Colonna come questi Grandi era nata vera poetessa, perchè i suoi versi elettissimi sovrabbondano di fluidità e di armonia; e lo svolgersi del ricco splendore delle sue rime è dovuto all'immenso, idealissimo affetto di cui ella cinse il marito, al sovrano, inconsolabile dolore per la sua morte immatura.

Ella

> Priva del suo nocchier che vive in cielo

ne cantò le glorie,

> Consacrò al mondo un chiaro ingegno eletto

e nel sovrumano, inenarrabile conforto che le porse la fede divina

> Non tempesta del mondo o sdegno o morte

fu rapita al pensiero innamorato, unico, fulgente, tremendo di ricongiungersi allo sposo adorato nel grembo di Dio:

> Alla divina sua fiamma lucente.

Vittoria non dettò punto versi prima di maritarsi, in quell'età
fiorita e gentile in cui s'offrono alla vergine i temi più candidi e
sereni dell'ispirazione. Ella vaghissima, idolatrata tra le mille fantasticherie d'una corte, tra il fasto d'ogni delizia, tra gli studi
gagliardi e profondi, non aprì il suo seno alla tenera poesia virginale, ma c'inondò coll'infinita potenza de' suoi versi meravigliosi,
sol quando un amore gigante, soave quanto terribile, le avvampò
il cuore; e, come non più terrena cosa, seguì col suo lo spirito
del marito, effondendosi arcanamente confusi nella luce di Dio.
Ed in virtù di questa misteriosa attrazione le sue rime sgorga-
rono sublimi: ella divinamente cantò, perchè si sentiva ed era
cosa divina:

> I santi chiodi ormai sian le mie penne,
> E puro inchiostro il prezioso sangue;
> Purgata carta il sacro corpo esangue
> Sì ch'io scriva nel cor quel ch'ei sostenne.

Le sue tante castissime e gloriose creazioni poetiche, come
scrisse il Quadrio, compendiano il poema della onnipotenza nel
maritale affetto e il celestiale fulgore nella religione cristiana.
Nel quale concetto è presentito il bene ed il vero; e siccome da
Dio procedono tutte le virtù massime, la letteratura, come la pittura vi attinsero l'essenza d'ogni bellezza.

E per convincersi che nella poesia della Colonna tutto è magnifico, inebriamoci della sua forza d'amore, sempre alta, possente; deliriamo con essa, e non un pensiero, non una parola, non
una forma, ci sembreranno sconsigliate, inutili, dure. Tutto ardente
nella poesia dell'amore, tutto terso nel ritmo del duolo, tutto stra-
potente nel ritorno all'Eterno!

*
* *

Quanta efficacia di lirismo nel sonetto ove la impareggiabile
donna nella sua forte passione amorosa, nel suo fiammante ideale

si propone e mantiene indissolubile il nodo del matrimonio anche
tra la vita e la morte:

> Chi può troncar quel laccio, che m'avvinse,
> Se ragion die' lo stame, amor l'avvolse;
> Nè sdegno il rallentò, nè morte il sciolse;
> La fede l'annodò, tempo lo strinse?
> Chi 'l fuoco spegnerà, che l'alma cinse,
> Che non pur mai di tanto ardor si dolse,
> Ma ognor più lieta e grande onor si tolse,
> Che nè sospir, nè lagrimar l'estinse?
> Il mio bel sol, poi che dalla sua spoglia
> Volò lontano, dal beato regno
> M'accende ancora e lega, e in cotal modo;
> Che accampando fortuna, forza, e ingegno,
> Mai cangeranno in me pensieri e voglia:
> Sì m'è soave il foco, e caro il nodo!

Tanta solidità d'imperturbata fede non sembra proponimento
di angiolo gigante cantato dalla dolce lira de' Greci?

E sempre

> .... il grave dolor vivo e immortale

per la perdita dell'idolo suo rapito

> Per dura legge in su l'età fiorita

va di pari passo, nello smisurato affetto, coll'acuta filosofia del
pensiero:

> Quando del suo tormento il cor si duole,
> Sì ch'io bramo il mio fin, timor m'assale,
> E dice: Il morir tosto a che ti vale,
> Se forse lungi vai dal tuo bel sole?
> Da questa fredda tema nascer suole
> Un caldo ardir, che pon d'intorno l'ale
> All'alma; onde disgombra il mio mortale
> Quanto ella può da quel che 'l mondo vale.
> Così lo spirto mio s'asconde e copre
> Qui dal piacere uman, non già per fama,
> O van grido, o pregiar troppo se stesso;

Ma sente 'l lume suo che ognor la chiama
E vede il volto, ovunque mira, impresso,
Che gli misura i passi e scorge l'opre.

E fonte inesausta di pii conforti all'anima sua avvilita in
mezzo all'onde procellose, è il pensiero che arde costante di ricongiungersi al suo sole nell'eternità, e da questo concetto divino è
consolata:

Di gioia in gioia, d'una in altra schiera
Di dolci e bei pensier, l'amor superno
Mi guida for del freddo arido verno
Alla sua verde e calda primavera.
Forse il Signor, fin che di molle cera
Mi vegga il petto, onde 'l sigillo eterno
M'imprima dentro nel più vivo interno
Del cor la fede sua fondata e vera,
Non vuol con l'aspra croce al sentier erto,
Ma col giogo soave e peso lieve
Condurmi al porto per la via men dura:
O forse ancor, come benigno esperto
Padre e maestro, in questa pace breve
A lunga guerra m'arma e m'assecura.

E dire che una infinità di sonetti vôlti tutti allo stesso obietto
riescono a mostrarci ad ogni parola milioni di nuove faville; innumerevoli, insuperabili contrasti d'amore e di dolore, che si li-
brano ondeggianti tra il tempo e l'eternità, tra la terra meschina
e il cielo onnipotente:

Chi ritien l'alma omai, che non sia sgombra
Dal carcer tetro che l'annoda e stringe?
L'amata luce al ciel la chiama e spinge;
Folta nebbia d'error quaggiù l'ingombra.
E se l'immagin, che 'l pensiero adombra,
Anzi amor di sua man nel cor dipinge,
Frena il martir, l'acerba piaga linge;
Che fia di là se qui l'appaga l'ombra?
Ma se timor del crudo pianto eterno
Tronca l'audaci penne al bel desire;
Questo non è minor del proprio inferno,

La patria, la ragion svegli l'ardire:
Mostrasi in opra il mio tormento interno:
Chè ben può nulla chi non può morire!

Iddio profuse i tesori della sua grazia nel mistico genio della Colonna. Ella in tutto si manifesta grande e pura; ella reputa nulli gli alti natali al confronto delle menti che si assottigliano in Dio. E in Dio l'alma donna trionfa!

Due lumi porge all'uomo il vero sole:
L'un per condurre al fin caduco e frale
Un pensier breve, un'opra egra e mortale,
Col qual pensa, discerne, intende e vuole:
L'altro, per cui sol Dio s'onora e cole,
Ne sorge al ciel per disusate strade;
E d'indi poi la poggia su quell'ale,
Ch'egli (la sua mercè) conceder suole.
Col primo, natural, la voglia indegna
Vince quel cor gentil che sproni e freno
Dona all'alta cagion d'ogni desio:
Con l'altro, il mondo e se medesmo sdegna
Colui, che chiude all'ombra, ed apre il seno
Al raggio puro che il trasforma in Dio.

Con quale mirabile eloquenza ella fa continua comparazione tra la fiamma della materia costretta e quella invincibile dell'anima, confermando ad ogni passo l'aristocrazia dell'ingegno, l'uguaglianza dei cuori:

Dinanzi al suo fattor nel sommo cielo,
U' non si perde mai tono o misura,
Nè si discorda il bel concetto altero.

Nelle lettere infatti non può esservi che vera repubblica, anzi famiglia, nella quale la socievole nobiltà dell'intelligenza è la sola arma, mercè cui si compiono le più durevoli conquiste. La fede e la convinzione di esse formano in morale le azioni sante, ed in poesia le idee sublimi. Basso, vile l'egoismo negl'ingegni!

E nel suo stile felice, nella fierezza del suo animo, come bolla la donna potente certi eterni invidiosi dagli empi intenti:

Se l'empia invidia asconder pensa al vostro
Lume, mio sol, un raggio, allora allora
Di sette altri maggior v'adorna e onora,
(Quasi nova Iri e bella al secol nostro)
  Con chiare voci e con purgato inchiostro
Ogni spirto gentil, finchè l'aurora,
Dove 'l sol cade, il lume eterno adora,
Com' idol sacro o divin raro mostro
  E quel cieco voler, che non intende
L'altiera luce, u' più celar la crede,
Più la discopre e se medesmo offende.
  L'occhio all'oggetto bel conforme il vede
Sempre più chiaro; onde per voi s'accende
A virtù il buono, e 'l suo contrario cede.

La poesia, prima dell'Alighieri spoglia di acume filosofico, andò man mano, come la pittura, vestendosi delle forme più svariate, e raggiunse il massimo splendore; ristorata indi dal Petrarca, toccò l'apogeo con la Colonna, con l'Ariosto ed il Tasso. Il Poema romanzesco ed epico, così perfetto ne' fasti letterari e poetici, come tutte le arti belle e le scienze, fu scritto a caratteri indelebili nel secolo, mentre, ahi! la patria languiva sotto la più servile schiavitù politica.

Il Cantù osserva: " Gli Italiani, ogni qual volta peggio soffrivano e trovavansi precluse le disquisizioni politiche, si buttarono sopra quelle della lingua, quasi a protesta della nazionalità che ad essi volevasi strappare „.

* *
*

La Colonnese dal convento di S. Silvestro, dove fu visitata dai più illustri che si trovavano in Roma, passò a quello di S. Paolo ad Orvieto. In quest'angolo dell'Umbria verde, ove la più bella facciata di chiesa nel mondo arride ad un cielo sempre sereno dall'aurore e dai miraggi incantevoli, fu un pellegrinaggio continuo di Grandi nell'intento ambitissimo di favellare con la dotta e rara signora.

Andò a Lucca, indi a Ferrara, mentre i più chiari ingegni di Venezia e di Lombardia, con alla testa il Trissino, la invitavano a visitare quei luoghi. Il celebre consigliere Francesco della Torre, a nome del suo signore, chiamolla a Verona, e tutti, con gli scritti, con le parole, coi fatti, ammiravano il genio fecondo di questa donna illustre fra le più insigni d'Italia.

L'Alamanni dopo averla visitata scriveva: " Io non pensai giammai, partendomi da Roma, di portarne anche un sì gran desiderio di essere con V. E. e un tanto dolore di averla lasciata „.

E il Guidiccioni: " Io le mando alcuni miei sonetti per ubbidirla e per imparare. Le porgo umili preghi, che voglia palesare a Giuseppe suo servitore, i loro errori, acciò che io possa, ammonito da lui, correggerli ed emendarli „.

E il Bembo, dopo aver detto che da essa pensieri santi erano stati espressi con celestiali parole, asseriva che il giudizio di lei in poesia valeva più di quello di qualsiasi altro maestro. Egli insignito della porpora cardinalizia scriveva: " Vostra illustrissima signoria ha più da rallegrarsi della nuova dignità e grado datomi da N. S., perciò ch'ella n'è stata in buona parte cagione, che per alcun mio merito „.

Annibal Caro la nomò: " vincitrice del mondo e di se stessa „.

E Michelangelo: " Nato rozzo modello di sè, era poi stato da lei riformato e rifatto „.

A lei dunque, fulgida stella d'Italia, tutti gl'ingegni si rivolgevano e tutti rimanevano meravigliati della cultura seria, multiforme, ordinata, profonda; dell'altissimo valore poetico, del parlare vigoroso, incantevole, della virtù modestissima, eccelsa di questa donna perfetta.

Ella, a sua volta, si compiaceva di così elette amicizie, insinuandosi nei cuori di tutti con le più amabili grazie.

Al Molza:

Lieve fora a cantar ch'una fenice
Viva, e c'han lume le celesti sfere;
Far bianchi i corvi e le colombe nere,
Opre son del tuo stil chiaro e felice.

Al Bembo, suo maestro parlante, diceva:

> Bembo gentil, del cui gran nome altero
> Se 'n va il leon c'ha in mar l'una superba
> Man, l'altra in terra, e sol tra noi riserba
> L'antica libertade e 'l giusto impero:
> Per chiara scorta anzi per lume vero,
> De'nostri incerti passi il ciel ti serba,
> E nell'età matura e nell'acerba
> T'ha mostro della gloria il ver sentiero.

È a Veronica Gambara, una delle sue grandi ammiratrici:

> Di voi ben degna d'immortale istoria,
> Bella donna, ragiono....

Anche nel carteggio epistolare di Vittoria si rileva l'altissimo intelletto, la ricchezza dello scibile, la potenza onniveggente, sempre vivace e armoniosa.

Non possiamo convenire nel giudizio esageratamente sconfortante dato dal Foscolo, il quale la giudicò poetessa eccellente, ma pessima prosatrice, perchè specialmente nelle lettere familiari vi è naturalezza, semplicità e grazia; e se in quelle di più alto linguaggio vi si riscontra, a volte, la fraseologia artificiosa e contorta, e il periodare soverchiamente lungo, non manca la grave venustà della forma.

Le sue lettere al marito, a Carlo V, ad altri principi, ed agli illustri, che con essa avevano corrispondenza, generalmente belle nella elocuzione, riboccano di concettosa, arguta lucidità, e la sana filosofia vi è esposta dignitosamente libera, in uno stile sintetico, terso ed eloquente.

E come altrimenti in donna che era in commercio epistolare, in assiduo scambio di orazioni con i maggiori segretari del tempo: il Molza, il Bembo, il Caro, Bernardo Tasso, il Trissino e il Crescimbeni?

*
* *

Nell'anno 1527 che vide succedersi tante calamità, Vittoria dovette assistere anche al miserando spettacolo del sacco di Roma, la quale in tutte le invasioni barbariche non aveva ricevuto maggiore oltraggio. I Colonna[1] che nell'anno antecedente ne consumarono altro simile, ebbero parte principale in quest'altra tremenda sventura. I Lanzichenecchi, unitamente alle schiere imperiali entrati nell'eterna città il 6 maggio, portarono ovunque desolazione e terrore.

Tal fatto addolorò così acerbamente l'egregia Romana, che si adontò di appartenere ad una schiatta che aveva prestata l'opera sua al compimento dell'orribile tragedia.

Ma Vittoria, stella della pietà e dell'onore, quasi ad espiazione della colpa non sua, sull'esempio del Fraticello di Assisi, volle dividere i suoi beni tra i poveri.

Il Cesare era riuscito ad assoggettare al suo dominio tutta Italia, e in quel periodo della più grande oppressione e viltà, gli abbietti italiani si beavano nel godimento di feste carnevalesche, di tornei e di corride.

In quel tempo di nefasta decadenza tutti i principi erano divenuti mecenati delle lettere, delle scienze e delle arti; e favoriti e stipendiati tanti preclari ingegni, ne ricevevano in contraccambio lodi e adulazioni. Le case dei Medici a Firenze, degli Estensi a Ferrara, dei Gonzaga a Mantova e dei Re di Napoli si erano trasformate in vere accademie.

E malgrado la splendidezza della corte pontificia sotto Leon X de' Medici e la proclamazione del secolo d'oro, si erano andate avverando le parole del precursore della riforma, Girolamo Savonarola. Dalla Germania, nel cuore dei dominii di Carlo V, la voce potente di Martin Lutero in breve ora fece divampare la grande idea riformatrice (1517).

Tutto questo accadeva a maggiore sventura e a detrimento della patria italiana; la quale però, abituata alle severe discipline di un'autorità superiore e indiscutibile, non piegò a quei principii

---

[1] Fabrizio Colonna era morto nel marzo del 1520; e i suoi resti mortali, sepolti nel castello di Paliano, attesero per poco quelli della consorte Agnese, la quale lo seguiva nella tomba due anni dopo.

20

perché, pur convinta delle riforme nella chiesa, riconobbe che queste di diritto non potevano emanare che dalla chiesa stessa[1].

Vittoria provò un grande orrore per la corruzione invadente nella corte pontificia:

> Veggio d'alga e di fango omai si carca,
> Pietro, la rete tua, che se qualche onda
> Di fuor l'assale o intorno la circonda,
> Potrà spezzarsi e a rischio andar la barca;
>   La qual non come suol leggera e scarca
> Sovra il turbato mar corre a seconda,
> Ma in poppa e'n prora, all'una e all'altra sponda,
> È grave sì, che a gran periglio varca.

È consenziente con le più spiccate individualità della coltura e dell'arte, arrise a questa riforma.

Ma in quei tempi di ardimento e di diserzioni le qualità di novatrice, sotto qualsiasi forma palesate, provocavano l'ira della parte avversa, i sospetti e spesso la censura della propria.

L'invitta consigliera ebbe molto a soffrire insieme a quell'accolta di pensatori che le fecero nobile corona, e della quale ella era la gemma. Il protonotario Carnesecchi, uno di essi, arrestato e percosso finì col capestro; altro processo ebbe il cardinale Giovanni Morone; altri ne furono iniziati contro i cardinali Contarini e Polo, e nemmeno Vittoria sarebbe sfuggita a tali vessazioni, massime dopo la defezione dell'Ochino e del Vermigli, se non avesse solennemente provato che da quel movimento la dottrina cattolica doveva uscire più forte e più pura[2].

----

[1] Così si espresse l'illustre professore Ettore Collegari nella chiusa di un suo splendido scritto sulla riforma in Italia.

[2] Il movimento della riforma in Italia, che ancora non ha una storia coscienziosa ed erudita, può dirsi iniziato da S. Francesco di Assisi nel 1200, col ritorno alla vera imitazione di Cristo. Dante e il Petrarca ne secondarono il grande concetto; e S. Caterina da Siena, sull'esempio di questi, consigliate e proposte grandi riforme, richiamò il papato alla sua egemonia morale, mentre centinaia di precursori con il loro martirio santificavano la grande idea. Le ragioni, onde in Italia non attecchì la dottrina luterana, intuita con tutta la forza da Giovanni Valdez, vicerè di Napoli, sono note. In ogni modo questi ebbe seguaci appassio-

Ella dipinge con mano maestra il pensiero invadente

> Che mentre fra le nebbie erra e vaneggia
> Mal si pote fermar nel lume vero.
>
> . . . .
>
> Ma quel vivo dolor se ben lampeggia
> Pur non si mostra mai chiaro ed intero.

Ed esacerbata dal cieco errore, combatte, invoca che si squarci il velo

> Onde non più da'rai foschi od illustri
> S'affreni o sproni l'alma, ma disciolta
> Miri il gran sol nel più beato cielo.

Rasserenata e salda splende sempre nella poesia alta, divina: abbraccia la croce, rivive nel sorriso di Maria:

> .... fuor d'ombra d'error candida e pura

e al Santo d'Assisi, immagine di Cristo:

> .... prega in ciel, beato
> Spirto, ch'io segua la bell' orma umile,
> I pensieri, i desiri e l'opre sante.

Stupende perifrasi, immagini vive, che compendiano la vita singolare della donna che le scrisse.

Nel suo pensiero luminoso, scorti i vizi del tempo, si crucciava per quella corruttela, e per le tremende conseguenze che ne sarebbero derivate a Roma e all'Italia. Laonde, carezzando la nobile idea di novazione e di libertà nella chiesa, unico rimedio a tanti mali, ella nelle sue liriche sacre così invoca:

> Celeste imperador, saggio, prudente,
> Sacerdote divin, pastore e padre,
> Muovi ver noi dalle tue invitte squadre
> Un sol dei raggi tuoi chiaro, lucente,

---

nati quali il Carnesecchi, la Gonzaga, il Vermigli, la Colonna, il Mollio, il Caracciolo; insomma i più chiari ingegni del tempo, nobili, soldati e cappuccini, dai quali sorse l'Ochino, che a ragione fu chiamato il precursore del protestantesimo moderno.

> Ch'allumi e purghi omai l'oscura gente
> Della tua sposa, nostra vera madre!
> Rinnova in lei l'antiche opre leggiadre,
> Che nacquer sol di caritade ardente!
>   Va il gregge sparso per cibarsi, e trova
> I paschi amari; ond'ei sen torna, ed ode
> Risonar l'arme altrui nel proprio ovile.
>   E s'alcun (tua mercede) in pace gode
> Sì, che la guerra sprezzi e tenga a vile,
> Per distrarnelo il mondo ogn'arte prova.

E per non essere in questo alto sentire fraintesa, alla morte del Contarini scrisse altro celebre sonetto, che per concetto filosofico ed elegantissima forma è uno dei fiori più belli che inghirlandino la portentosa opera sua:

> Non prima e da lontan picciola fronde
> Scorgo di verde speme, nè si viva
> Che agli occhi il pianto, e 'l duolo al cor prescriva,
> Ch'invida morte subito l'asconde.
>   Potean le grazie e le virtù profonde
> Dell'alma bella, di vil core schiva,
> Ch'or prese il volo a più sicura riva,
> Vincendo quest'irate o torbid'onde,
>   Rendere al Tebro ogni sua gloria antica;
> E all'alma patria di trionfi ornata
> Recar quel tanto sospirato giorno
>   Che, pareggiando il merto alla fatica,
> Vincesse questa età nostra beata
> Del gran manto di Pier coperta intorno.

Oltre che dai grandi della filosofia, fu somma ventura per la Colonna l'essere onorata di ammirazione e di amicizia dai più felici ingegni della penisola, tra i quali tutti prima rifulse l'intimità col divino Michelangelo.

A qual punto arrivasse l'amicizia pura e platonica tra la donna elettissima e quell'uomo ricco d'ingegno prodigioso, non è dato ad alcuno di precisare. I due geni s'intrecciarono e si unificarono

anche per quell'arcano misticismo che porta alla glorificazione di
tutto ciò che è elevato, eterno, divino.

I suoi carmi infiammarono l'Ariosto a scrivere le cavalleresche
imprese nell'*Orlando,* del quale non si possono omettere due delle
magnifiche stanze dedicate a lei:

> " Sceglieronne una; e sceglierolla tale,
> Che superato avrà l'invidia in modo,
> Che nessun'altra potrà avere a male,
> Se l'altre taccio, e se lei sola lodo.
> Quest'una ha non pur sè fatta immortale
> Col dolce stil, di che il miglior non odo,
> Ma può qualunque, di cui parli o scriva,
> Trar dal sepolcro e far che eterno viva.
>
> . . . .
>
> Vittoria è 'l nome; e ben conviensi a nata
> Fra le vittorie, ed a chi o vada o stanzi,
> Di trofei sempre e di trionfi ornata,
> La vittoria abbia seco o dietro o innanzi.
> Questa è un'altra Artemisia, che lodata
> Fu di pietà verso il suo Mausolo; anzi
> Tanto maggior, quanto è più assai bell'opra
> Che por sotterra un uom, trarlo di sopra ".

I suoi carmi ispirarono soavemente mesta la classica forma
del Tasso. Essi irradiarono di luce eterna la mente già celestiale
di Michelangelo. Questo gigante dell'arte a sessant'anni amò in
maniera suprema la donna angelica de' suoi sogni divini, il cui
formidabile amore, infondendogli nelle vene sangue nuovo e potente, gli apportò le più fresche, rigogliose e onnipotenti creazioni
del genio e dell'arte. Ascanio Condivi, discepolo e biografo di
Michelangelo, così descrive le relazioni di questo con Vittoria:

" In particolare egli amò la marchesana di Pescara, del cui
divino spirito era innamorato; essendo all'incontro da lei amato
svisceratamente: della quale ancor tiene molte lettere, d'onesto
e dolcissimo amore ripiene, e quali di sul petto uscir solevano;
avendo egli altresì scritto a lei più e più sonetti, pieni d'ingegno
e dolce desiderio. Ella più volte si mosse da Viterbo e d'altri

luoghi, dove fosse andata per diporto e per passare la state; ed
a Roma se ne venne, non mossa da altra cagione se non di veder
Michelangelo „.

Colgo uno dei sonetti che il Buonarroti dedicò alla sua divina
ispiratrice:

> Poscia ch'appreso ha l'arte intera e diva
> D'alcun la forma e gli atti, indi di quello
> D'umil matèria in semplice modello
> Fu il primo parto, e 'l suo concetto avviva;
> Ma nel secondo, in dura pietra viva
> S'adempion le promesse del martello;
> Ond'ei rinasce, e fatto illustre e bello
> Segno non è che sua gloria prescriva.
> Simil, di me model, nacqu'io da prima;
> Di me model, per opra più perfetta
> Da voi rinascer poi, donna alta e degna.
> Se il men riempie, e 'l mio soperchio lima
> Vostra pietà, qual penitenza aspetta
> Mio cieco e van pensier se la disdegna? [1]

Egli, giovanissimo nella mente e nel cuore, sempre aurora
negli incendi dell'arte, nella virtù e nell'intelletto femminile, fuse
la gloria immortale dei capolavori più meravigliosi che registri la
storia. Chi, mirando la tremenda vôlta sistina e chinando la fronte
dinanzi a quel sublime ne' secoli, non ricorda nella più maestosa
venerazione Vittoria, l'alta ispiratrice della imperante bellezza?
L'inno passionale del Grande, è la più illustre epopea della donna
pur grande, che quel soave adoratore riamò con tutto l'entusiasmo
d'una stima, d'una ammirazione, d'una venerazione che solo ai

---

[1] Questo stupendo sonetto fu copiato come alla edizione rarissima pubblicata
in Roma nella circostanza delle nozze della Principessa Teresa Torlonia nata
Colonna, dal cavalier Ercole Visconti, nell'anno 1840, coi tipi Salviucci. In altre
pubblicazioni troviamo dei testi corretti che assai diversificano da questo, che
a nostro avviso è il vero originale. Nell'edizione citata, per quanto l'egregio
autore sia assai diligente nelle ricerche filologiche, mancano vari sonetti, rin-
tracciati e pubblicati poi da Domenico Tordi. Quattro ad Orvieto nel 1891, uno
il 14 settembre 1889 per le nozze Fantechia-Diotajuti, e cinque a Pistoia nel 1900.

cieli si levano. La stessa Colonna, nella lettera che qui riportiamo, vaticina a Michelangelo di esser posto alla destra di Dio: " Io ebbi grandissima fede in Dio, che vi dessi una grazia soprannaturale a fare questo Cristo. Poi il viddi sì mirabile che superò in tutti i modi ogni mia aspettazione; poi fatta animosa dalli miracoli veduti, desiderai quello che ora meravigliosamente vedo adempito, cioè che sta da ogni parte in somma perfezione e non si potria desiderar più nè giunger a desiderar tanto. E vi dico che mi rallegro molto che l'angiolo da man destra sia assai più bello perchè il Michel ponerà voi Michelangiolo alla destra del padre nel dì novissimo, e in questo mezzo io non so come servirvi in altro che in pregarne questo dolce Cristo, che sì bene e perfettamente avete dipinto, e pregar voi mi comandiate come cosa vostra in tutto e per tutto „.

*
* *

Siamo nel 1540 ed altre guerre intestine vengono a turbare l'animo di Vittoria. Il papa Paolo III aveva aumentato il prezzo del sale. Di qui la famosa ribellione dei Perugini e di Ascanio Colonna, al quale ne venne sì gran male, che per l'avvenire la sua famiglia non potè rialzarsi più mai.

La potenza dei Colonna era infranta, e la loro fortuna, malgrado la famosa epistola di Vittoria al papa:

> Sotto un sol cielo, entro un sol grembo nati
> Sono e nudriti insieme alla dolce ombra
> D'una sola città gli avoli nostri,

rimase completamente eclissata.

Tutto fu indarno. L'odio della corte romana per i Colonnesi era segnato a caratteri di sangue, e se Vittoria non fosse stata protetta, più che da tanti uomini insigni, dal suo genio, non sarebbe sfuggita alle ire degli uomini di quella Chiesa, per il trionfo della quale, era sempre vissuta e si era votata. Peregrina dal convento di Viterbo, la sua più cara dimora, si ridusse in Roma. Presentita la fine, fu ricoverata in casa Cesarini [1]; ed ivi, il 25 febbraio, si spense quella vita eminentemente cara, inestimabilmente preziosa [2], che solo nel dolore architettò l'austerità sorprendente del suo Poema. Colla rigida morale della più alta filosofia, sollevò il suo perenne sospiro nelle sfere dell'infinito, fondendolo col raggio scrutatore, terribile e puro della luce di Dio:

> Soffiate al foco Suo, che sol ne spetra
> Dal duro ghiaccio umano, e per le certe
> Ricchezze andate al gran tesor superno.

*
* *

Michelangelo erale sopravvissuto; ma per tanta perdita rimase così sbigottito ed afflitto che ad ogni istante andava esclamando: "Morte mi tolse un grande amico".

Il dolore avvolse una folla di intimi e di ammiratori, dal Polo che la venerò come madre, all'Ariosto che per lei intessè le lodi del suo sposo nella celebrata canzone:

> Spirto gentil che sei nel terzo giro
> Del ciel fra le beate anime acceso.

---

[1] La famiglia Cesarini, già considerevole nel secolo XIV, ebbe poi un cardinale ed altri insigni personaggi: ma la sua fama crebbe in reputazione e in ricchezza quando Giuliano Cesarini si unì in matrimonio con la principessa Giulia Colonna.

[2] Il luogo ove fu deposta la salma di Vittoria Colonna non si è potuto trovare; e se ne è persa assolutamente la speranza, dopo le ultime e diligenti ricerche fatte dal Tordi, dall'Azzurri, dal Borsari, dal Gatti e dal Bardi. Dai più viene affermato che essa venisse deposta nella tomba comune delle monache di Sant'Anna.

Ella morì, ma la gloria era tramandata; morì, ma rivive ne' suoi carmi sublimi; morì, ma immacolata e radiosa rimane

    " L'infinita ineffabile bellezza „ ;

. . . .

    " Nè potrà far, che mentre voce o lingua
    Formin parole il suo nome s'estingua „[1].

Nè questo mio scritto, modesto quanto ardito, potrebbe meglio chiudersi che col sonetto, che altra lodata poetessa del tempo, Veronica Gambara, dedicò alla grande Italiana[2] :

    " O della nostra etade unica gloria,
    Donna saggia, leggiadra, anzi divina,
    Alla qual riverente oggi s'inchina
    Chiunque è degno di famosa istoria;
      Ben fia eterna di voi qua giù memoria,
    Nè potrà il tempo con la sua ruina
    Far del bel nome vostro empia rapina,
    Ma di lui porterete ampia vittoria.
      Il sesso nostro un sacro e nobil tempio
    Dòvria, come già a Palla e a Febo, alzarvi
    Di ricchi marmi e di finissim'oro.
      E poi che di virtù siete l'esempio,
    Vorrei, donna, poter tanto lodarvi,
    Quant'io vi riverisco, amo ed adoro „.

---

[1] Canzone erroneamente attribuita alla Colonna ; come erroneamente le furono attribuite le bellissime stanze di Vittoria Gambara: *Quando miro la terra ornata e bella*, ecc.

In questi errori incorsero moltissimi scrittori e critici, fra cui anche il Cantù nella *Storia della letteratura italiana*.

[2] Veronica Gambara (1485-1550), nata a Protalboino in quel di Brescia, anch'essa cantò con stile elevato e splendida forma, sopra le virtù del marito, signore di Correggio, rapitole da morte immatura nel 1518. Ma, più fortunata della Colonna, ebbe due figli, alla educazione dei quali dedicò tutta intera la vita. Sull'esempio di queste due Grandi, alle donne di allora s'incominciò a dare una vera e propria educazione classica, e non è a meravigliare se nel secolo XVI fiorì, per opera di esse, tanta copia di splendida poesia, vero frutto della rinascenza letteraria ed artistica d'Italia.

ASPIRAZIONI

Oh quanto è corto il dire, e come fioco
Al mio concetto! e questo, a quel ch' io vidi,
È tanto, che non basta a dicer poco.

(DANTE, *Paradiso*, c. XXXIII).

COLLA modesta mia penna ho scritto di queste due fulgidissime
stelle della letteratura italiana, nell'unico intento di secondare un
impulso del mio cuore, poichè io non ho pretesa alcuna di aver
saputo mettere in luce il merito eminente di queste grandi Maestre
del bello scrivere.

Tante e svariatissime monografie si sono scritte sulla Colonna
dai suoi contemporanei e dai posteri; parecchie delle quali assai
lunghe, profonde e rispondenti mirabilmente alla sua gloria. Io
mi sono perciò limitata a tratteggiare con brevità solo quanto di
quella maestosa figura ha fatto più viva impressione nell'anima mia.

Sulla Brunamonti invece mi sono diffusa di più, perchè, dicendo
dolorosamente il vero, lei vivente, la nostra letteratura si è trat-
tenuta, meno di quanto richiedesse il suo valore, nell'esposizione
dell'opera di questa singolarissima penna muliebre.

Oh! i superstiti, son certa, consegneranno ai posteri opere gagliarde, diffuse e feconde sullo studio di questo alto intelletto.

Sarebbe ben necessario che le opere della Brunamonti, come
quelle della Colonna, venissero religiosamente studiate in tutte le
scuole secondarie, e che adornassero ogni elegante salotto, ove
tante moderne Signore e Signorine, in generale più innamorate

di cose frivole, trovassero il vero pascolo del cuore e dell'anima e s'inspirassero alla santità dei veri affetti, alla semplicità e alla grandezza dell'arte.

Ora la critica, sfolgorante nel giornalismo, affidato per lo più a giovani spensierati e galanti, i quali, non di rado per mire proprie, esaltano dei libri da nulla, con maliarda raffinatezza è quasi riuscita a faré apprezzare dai più l'orpello per l'oro; e spesso la folla abbagliata dall'astuto luccichìo vi plaude attorno. I grandi uomini savi non si lasciano trascinare dai fumi di quegli incensi; ma son pochi. La società ha troppi che, senza esserlo, vogliono parere illustri, ed ha degli illustri ingiusti e corrotti. Gli uni e gli altri sono i faccendoni dei profumati ritrovi, ove trionfano le apparenze e le fantasticherie affascinanti, ma funeste allo spirito e al cuore.

La sana filosofia della vita, che guida l'essere alla perfezione, non può mai scompagnarsi dall'amore per l'arte purissima e per gl'ideali più sacri. E solo da questo connubio dovrebbe emanare il culto del bello.

Ritorniamo, o studiosi, colle classiche norme, alle aspirazioni salde, onniveggenti e sconfinate del bene, e con chiaro intelletto d'amore eviteremo il confusionismo e la decadenza, che purtroppo minacciano d'invadere la società!

Gli educatori della nostra gioventù siano prima più saggiamente e moralmente educati, ed i libri che si pongono loro tra mano, siano nitide perle di lingua, di virtù e di giustizia sociale. Luce e calore alle tenere esistenze, ma non luce fittizia che acciéca, non calore morboso che uccide.

Lo scetticismo invadente minaccia irrigidirci e negare il concetto intangibile di un grande scrittore ed apostolo dell'umanità: " Oh giovani, in alto i cuori! Ricordatevi, e tenetelo a mente, perchè, in verità, l'avvenire italiano è tutto riposto in questa quistione — ricordatevi che il materialismo perpetuò il nostro servaggio, attossicandoci l'anima di egoismo e di codardia „.

E lo Gnoli, nel suo stupendo lavoro sull'insegnamento della letteratura italiana, esclama: " Questo segua pure, se crede, la forma storica, ma con intendimento di presentare la vita del passato riflessa nelle più alte manifestazioni dell'ingegno, onde la gioventù s'abitui a conversare co' grandi e a berne lo spirito; e apprenda a penetrare, traverso la forte struttura del periodo, nell'intimo d'un poderoso organismo intellettuale; e a cogliere, nell'onda impetuosa e nei morbidi sussurri della frase e del verso, le passioni traboccanti o le soavi agitazioni d'un'anima; a rievocare nella fantasia il divino fantasma della bellezza; a rivivere la vita dei padri nosti, e sentire dalla loro voce lontana risvegliarsi le energie latenti della stirpe nostra, rifarsi gli uomini sani e compiuti del vecchio tipo italico che portavano nel cozzo delle armi, ne' maneggi diplomatici, negli edifizi, nel vestire, negli utensili domestici la gentilezza dell'arte „.

Torniamo entusiasti ai puri ideali della fede e dell'arte; essi inebriano il cuore e tengono salda la vita tra le infestazioni del male. Ricordiamoci, o donne, che l'alta missione rigeneratrice è a noi affidata. Oh! ci sia di sprone a forti opere l'esempio magnanimo e gentile d'una Colonna e d'una Brunamonti.

CPSIA information can be obtained
at www.ICGtesting.com
Printed in the USA
BVOW06s2200260117
474583BV00011B/112/P